Seelenliebe - Worte von Seele zu Seele

Erika Flickinger

Coverdesign: Erika Flickinger

Kontakt: 66955 Pirmasens

dualseelen.org

Druck: CreateSpace.com

ISBN: **978-1512171372**
ISBN-13: **1512171379**

Ich möchte mich an dieser Stelle bei meiner lieben Freundin Ruth Küllmer bedanken, für ihre Hilfe beim korrigieren sowie ihre seelische Unterstützung.

Ein Dankeschön an die treuen Leser meines Blogs Dualseelen.org, sowie meiner Facebookseite Zwillings&Dualseelenliebe, ihr haucht meinen Seiten mit eurem Dasein erst Leben ein.

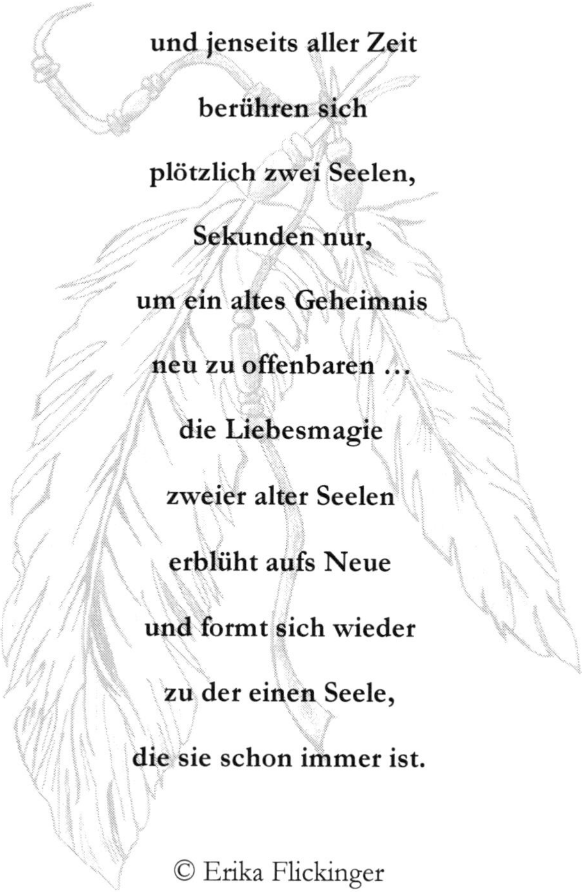

Ein kurzer Moment nur

und jenseits aller Zeit

berühren sich

plötzlich zwei Seelen,

Sekunden nur,

um ein altes Geheimnis

neu zu offenbaren …

die Liebesmagie

zweier alter Seelen

erblüht aufs Neue

und formt sich wieder

zu der einen Seele,

die sie schon immer ist.

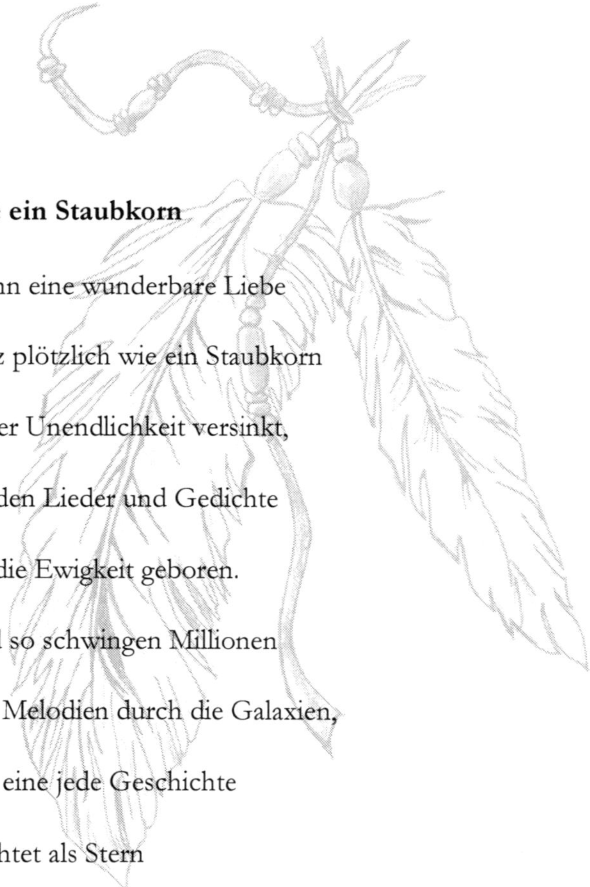

Wie ein Staubkorn

Wenn eine wunderbare Liebe

ganz plötzlich wie ein Staubkorn

in der Unendlichkeit versinkt,

werden Lieder und Gedichte

für die Ewigkeit geboren.

Und so schwingen Millionen

von Melodien durch die Galaxien,

und eine jede Geschichte

leuchtet als Stern

im nächtlichen Universum.

Die Flamme

Einst vor sehr langer Zeit

begannen wir unseren gemeinsamen Flug,

verbunden durch das Feuer unserer Herzen,

trennten sich unsere Seelen in ein Ich und ein Du.

Und seit Ewigkeiten suchen und finden sich

unsere inneren Flammen immer wieder.

Ein einziger Funke erkannt in unseren Augen,

entfacht unser Feuer immer wieder aufs Neue.

Und so fliegen unsere Seelen durch die Zeiten,

im Innern das Verlangen, diesen Funken zu erkennen,

um beide Feuer wieder zu einer Flamme zu vereinen.

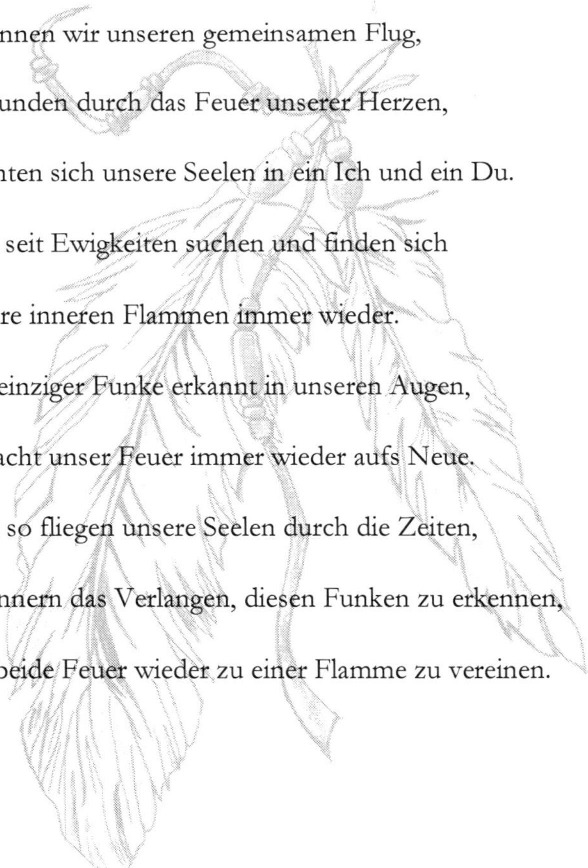

Einfach Liebe

Weil da dieses Fühlen ist …

dieses Berühren über die Ferne …

das Nahesein trotz aller Entfernung …

dieses Angekommen verspüren …

die wortlose und doch deutliche Sprache …

das verspüren, wie es dem anderen geht …

die Träume ausgefüllt mit dem einen Menschen …

und sich jeder Schritt gemeinsam gegangen anfühlt …

weil es ist, was es ist … einfach Liebe.

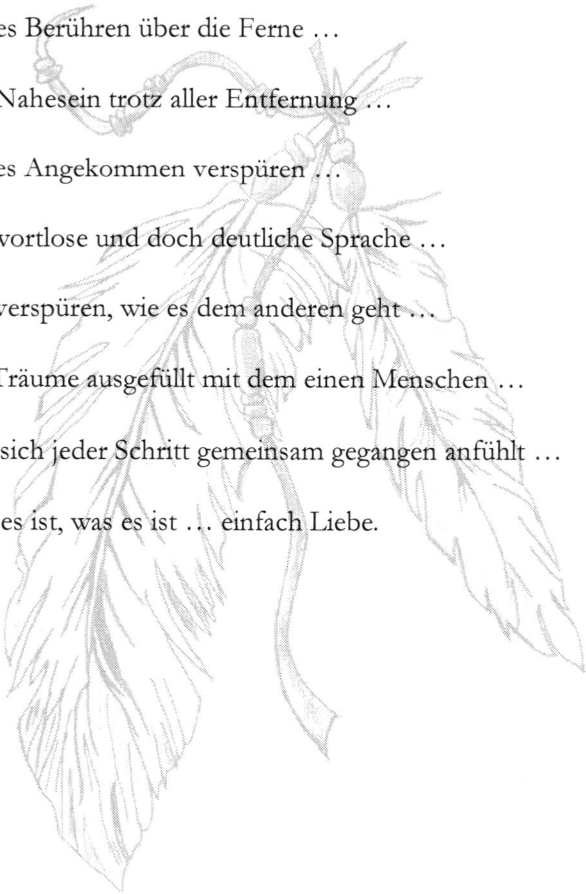

Atmen

Und dann siehst Du

in diese Augen und spürst,

dass Du dein ganzes Leben

die Luft angehalten hast,

sehnsüchtig wartend

auf diesen Moment,

und dir wird

so deutlich bewusst,

dass Du jetzt erst

richtig atmen kannst,

weil mit jedem Atemzug

die Liebe in dir

aus einem Jahrtausende

alten Tiefschlaf erwacht.

Melodie

Und dann steht da plötzlich jemand vor dir

und Du spürst sofort,

eure Seelen kennen sich schon ewig.

Und in dir klingt eine uralte Melodie an,

die, was auch kommen mag,

ewig weiterschwingt.

Gefunden

Ich fand Dich, als ich Dich nicht suchte …

und verlor Dich,

als ich mein Herz öffnete …

vielleicht findest Du ja mich,

wenn Du nicht mehr suchst?

Berühren

Wer mit der Seele lieben kann,

der kann auch mit der Seele

einen anderen berühren,

und es kommt fühlbar an.

Magie der Seelen

Es gibt Worte, die nie ausgesprochen oder gelesen werden,

Melodien, die nie durch die Welt reisen werden …

Gemälde, die nie von anderen Augen gesehen werden …

denn all dies sind wundervoll magische Kunstwerke,

die in zwei Herzen ihren zauberhaften Ursprung haben …

von der Magie einer gemeinsamen Seele geboren.

Ich liebe dich

Wenn jeder Blick aus deinen Augen …
und jede deiner Berührungen so stark
und innig in der Seele zu spüren sind,
und ich dafür keine Worte mehr finde,
dann ist es wohl ein „Ich liebe Dich“,
bei dem Worte einfach überflüssig sind.

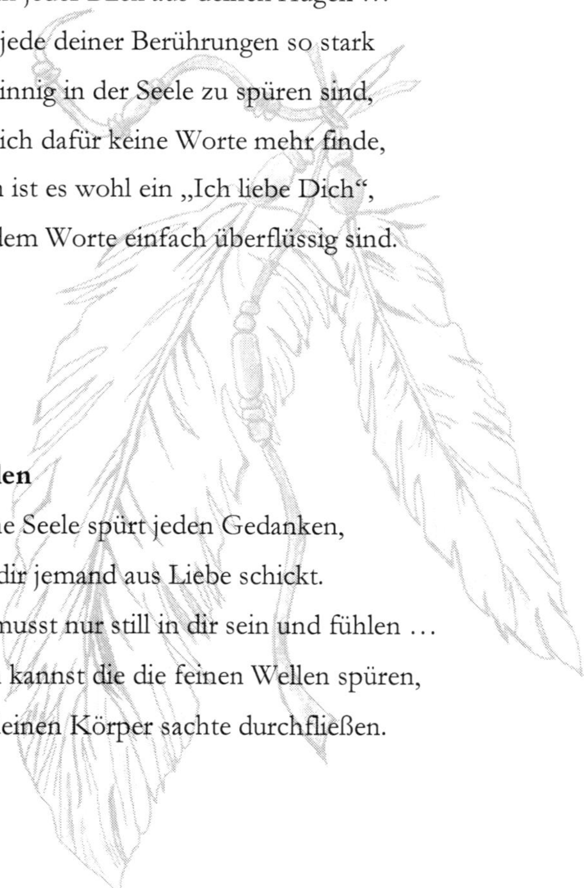

Wellen

Deine Seele spürt jeden Gedanken,
den dir jemand aus Liebe schickt.
Du musst nur still in dir sein und fühlen …
dann kannst die die feinen Wellen spüren,
die deinen Körper sachte durchfließen.

Diese eine Liebe

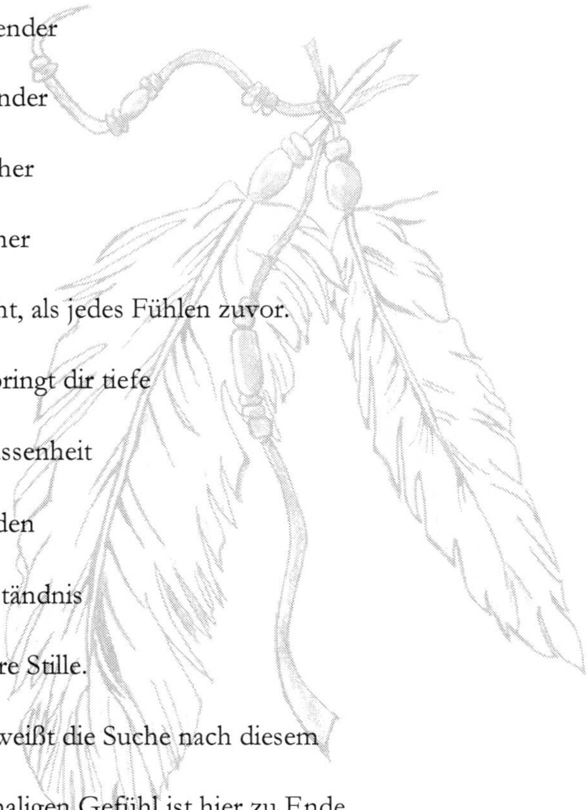

Es gibt diese Liebe, die dich, egal, was kommt,

wissender

sehender

weicher

offener

macht, als jedes Fühlen zuvor.

Sie bringt dir tiefe

Gelassenheit

Frieden

Verständnis

innere Stille.

Du weißt die Suche nach diesem

einmaligen Gefühl ist hier zu Ende …

Ihr habt gefunden!

Es ist diese Liebe, die dich auf neue Art

sehend macht, die dich lehrt,

die leisen Töne zu erkennen,

in neuen Farben zu sehen,

Zwischentöne zu erkennen,

die Liebe zu dir selbst erwachen lässt.

Diese Liebe, egal, ob gelebt oder nicht,

bringt dich in deine eigenen Tiefen,

in die verborgenen Räume deiner Selbst.

Sie flutet dein Innerstes,

wühlt dich auf wie einen Acker,

auf dem der Same universeller Liebe gesät wird.

Dieser universellen unendlichen Liebe und dem Licht,

das zwei zusammengehörende Herzen auf die Erde tragen.

Moment

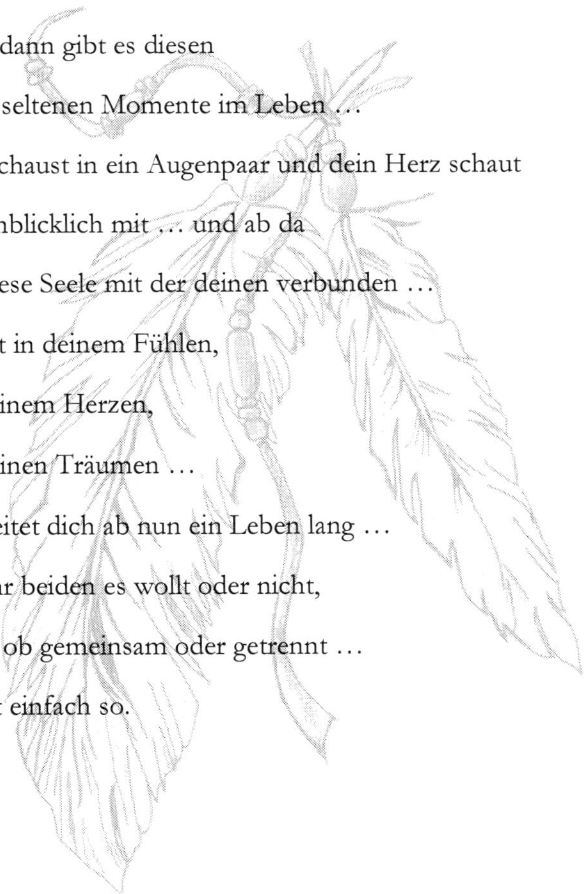

Und dann gibt es diesen
ganz seltenen Momente im Leben …
Du schaust in ein Augenpaar und dein Herz schaut
augenblicklich mit … und ab da
ist diese Seele mit der deinen verbunden …
sie ist in deinem Fühlen,
in deinem Herzen,
in deinen Träumen …
begleitet dich ab nun ein Leben lang …
ob ihr beiden es wollt oder nicht,
egal, ob gemeinsam oder getrennt …
es ist einfach so.

Angekommen

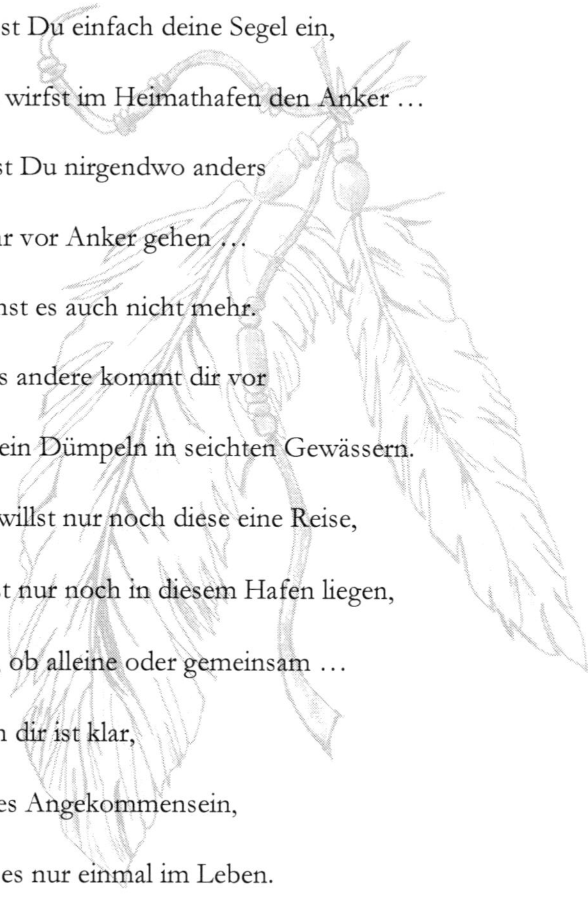

Wenn Du dich angekommen fühlst,

ziehst Du einfach deine Segel ein,

und wirfst im Heimathafen den Anker …

willst Du nirgendwo anders

mehr vor Anker gehen …

kannst es auch nicht mehr.

Alles andere kommt dir vor

wie ein Dümpeln in seichten Gewässern.

Du willst nur noch diese eine Reise,

willst nur noch in diesem Hafen liegen,

egal, ob alleine oder gemeinsam …

denn dir ist klar,

dieses Angekommensein,

gibt es nur einmal im Leben.

Vertrauen

Seelen, die zusammen gehören,

finden einander …

sie müssen nicht suchen,

die Zeit führt sie zusammen …

wenn sie ihrem inneren Navigationssystem …

den Koordinaten, die seit Jahrtausenden

in ihnen wohnen …

ihrem Herzen und ihrer Intuition …

vertrauen.

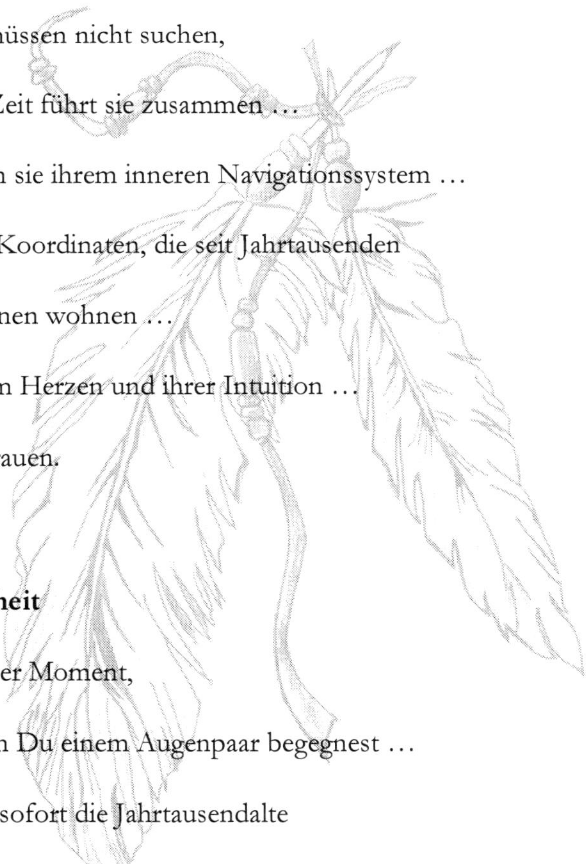

Einheit

Dieser Moment,

wenn Du einem Augenpaar begegnest …

und sofort die Jahrtausendalte

Vertrautheit und Einheit spürst …

Unbeschreiblich.

Seit Äonen

Und dann treffen da zwei Fremde aufeinander …

und sind sich sofort so unendlich vertraut.

Da prallen zwei Welten aus dem Nichts aufeinander …

um zu erkennen, dass zwei Teile sich vereinen.

Da schauen sich zwei Unbekannte in die Augen …

und alles zerschmilzt zu einer gemeinsamen Wahrheit.

Da stehen sich zwei stumm ohne Worte gegenüber …

doch fließen ganze Geschichten zwischen ihnen.

Da treffen sich zwei grundverschiedene Leben …

um sich in einer Welt voller Gleichheit wiederzufinden.

Da stehen zwei Seelen, die sich wortlos umarmen …

zwei Herzen nur noch dem gemeinsamen Takt lauschend.

Da hat sich gefunden, was seit Äonen verbunden ist …

zwei Flammen, die sich wieder zu einem Feuer vereinen.

Bis ins Innerste

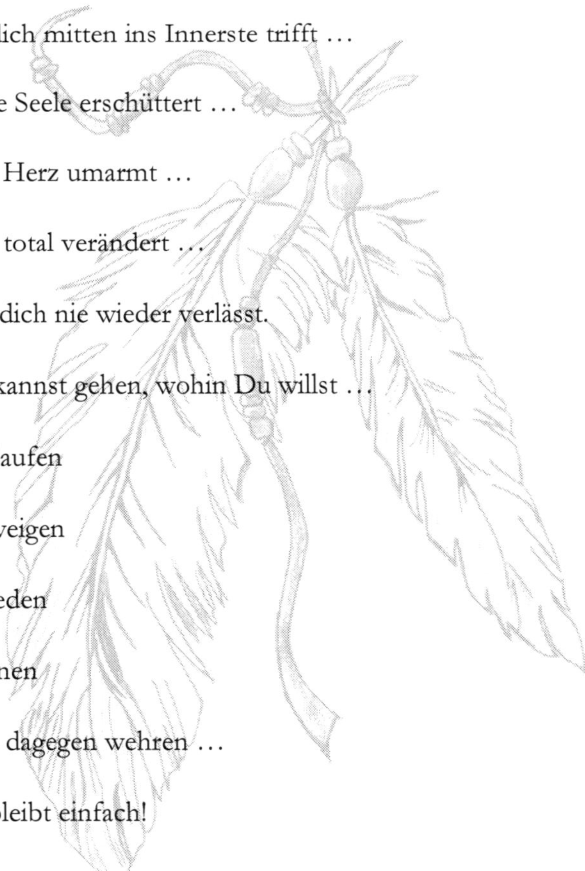

Es gibt sie …

diese eine Liebe …

die dich mitten ins Innerste trifft …

deine Seele erschüttert …

dein Herz umarmt …

dich total verändert …

und dich nie wieder verlässt.

Du kannst gehen, wohin Du willst …

weglaufen

schweigen

zerreden

leugnen

dich dagegen wehren …

sie bleibt einfach!

Dein Herz wird nie wieder

mit etwas Geringerem zufrieden sein.

Deine Seele wird sich nur noch

nach dieser Erfahrung sehnen.

Und Dir bleibt nichts anderes …

als einfach nur zu lieben.

Ich

Erst durch deine Liebe

lernte ich die Liebe zu mir.

Das ist wohl der Sinn von allem.

Mehr Worte braucht es nicht.

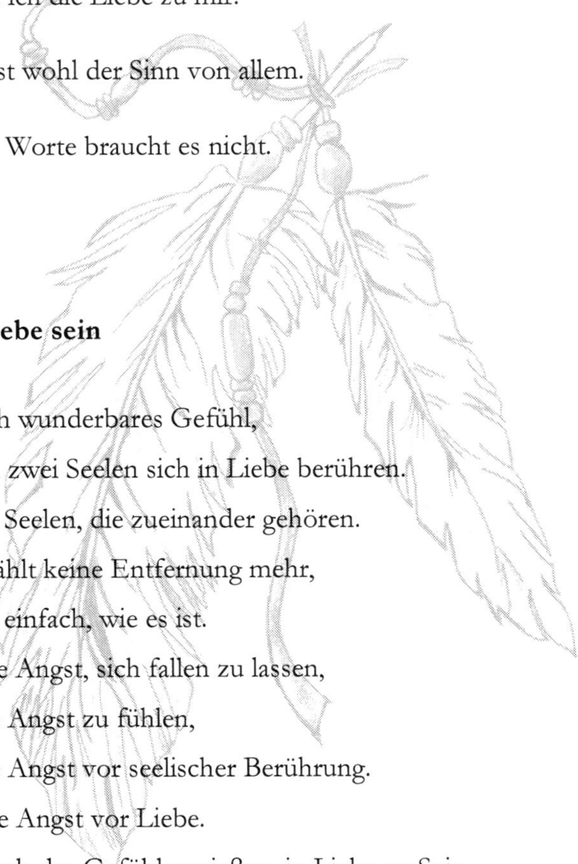

In Liebe sein

Welch wunderbares Gefühl,
wenn zwei Seelen sich in Liebe berühren.
Zwei Seelen, die zueinander gehören.
Da zählt keine Entfernung mehr,
es ist einfach, wie es ist.
Keine Angst, sich fallen zu lassen,
keine Angst zu fühlen,
keine Angst vor seelischer Berührung.
Keine Angst vor Liebe.
Einfach das Gefühl genießen, in Liebe zu Sein.

Herzrhythmus

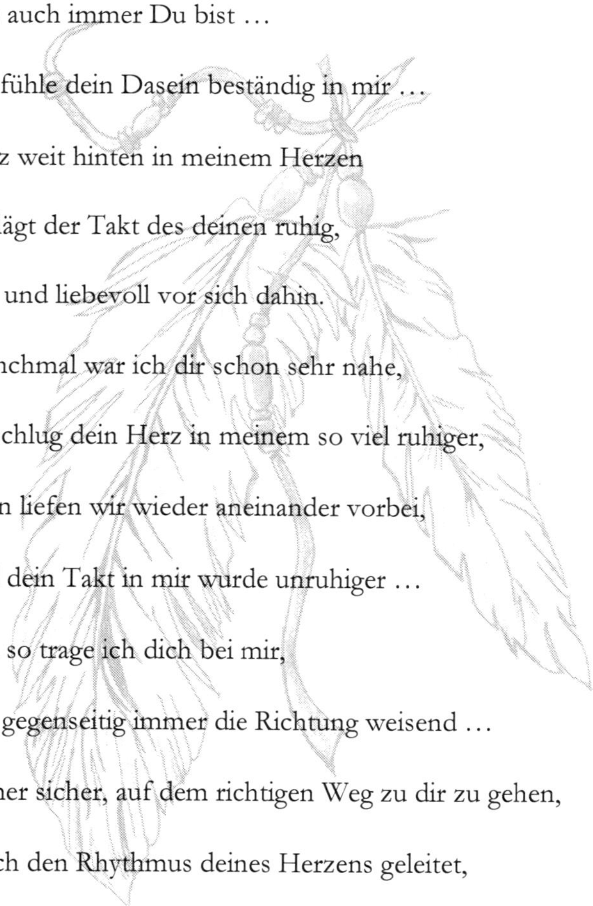

Wo auch immer Du bist …

ich fühle dein Dasein beständig in mir …

ganz weit hinten in meinem Herzen

schlägt der Takt des deinen ruhig,

still und liebevoll vor sich dahin.

Manchmal war ich dir schon sehr nahe,

da schlug dein Herz in meinem so viel ruhiger,

dann liefen wir wieder aneinander vorbei,

und dein Takt in mir wurde unruhiger …

und so trage ich dich bei mir,

uns gegenseitig immer die Richtung weisend …

immer sicher, auf dem richtigen Weg zu dir zu gehen,

durch den Rhythmus deines Herzens geleitet,

bis zu dem Tag, da wir uns in die Augen sehen.

Magie und Realität

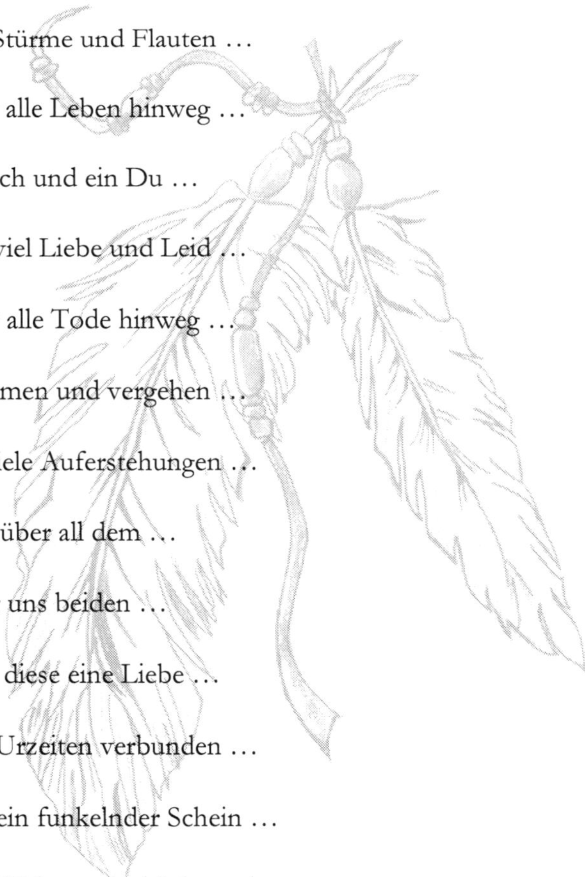

Über alle Zeiten hinweg …

alle Stürme und Flauten …

über alle Leben hinweg …

ein Ich und ein Du …

mit viel Liebe und Leid …

über alle Tode hinweg …

kommen und vergehen …

so viele Auferstehungen …

und über all dem …

über uns beiden …

liegt diese eine Liebe …

seit Urzeiten verbunden …

wie ein funkelnder Schein …

war Weisung und Sehnsucht …

Magie und Realität …

war Kummer und Leid …

und Freude und Tränen …

war heute und gestern …

kann Zukunft sein …

oder Vergangenheit werden …

sie lässt alles offen …

und möchte doch …

einfach nur angenommen …

gelebt und gefühlt werden.

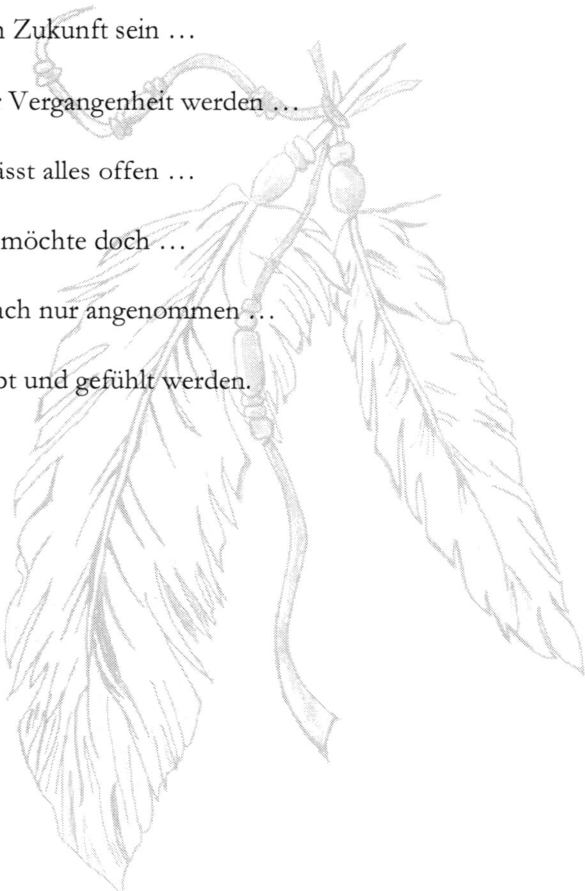

Paradies

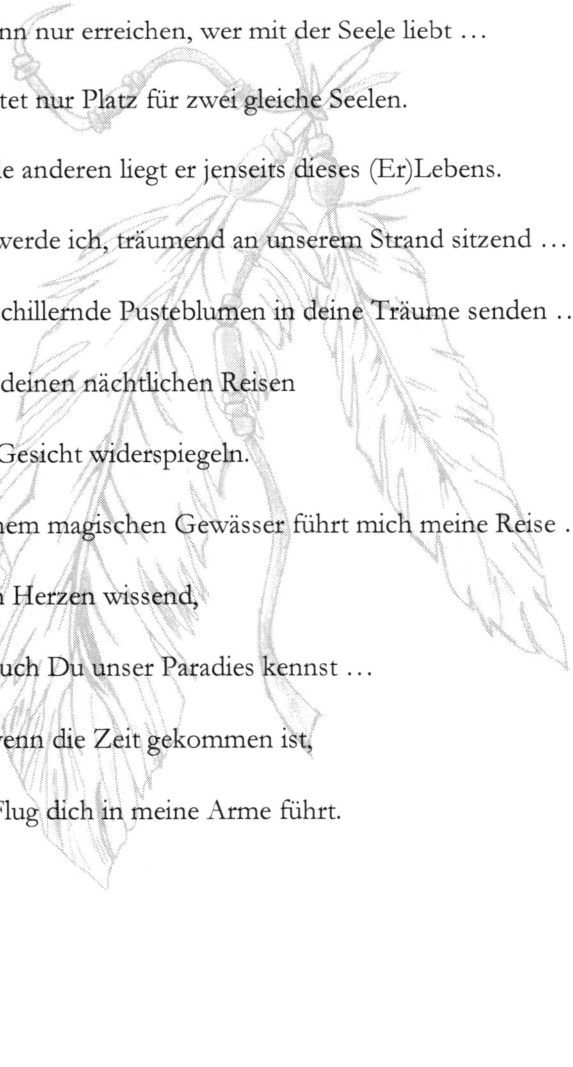

Es gibt einen Ort jenseits allen Denkens …

ihn kann nur finden, wer mit dem Herzen fühlt …

ihn kann nur erreichen, wer mit der Seele liebt …

Er bietet nur Platz für zwei gleiche Seelen.

Für alle anderen liegt er jenseits dieses (Er)Lebens.

Dort werde ich, träumend an unserem Strand sitzend …

bunt schillernde Pusteblumen in deine Träume senden …

die in deinen nächtlichen Reisen

mein Gesicht widerspiegeln.

Zu jenem magischen Gewässer führt mich meine Reise …

tief im Herzen wissend,

dass auch Du unser Paradies kennst …

und wenn die Zeit gekommen ist,

dein Flug dich in meine Arme führt.

Präsent

Egal, welchen Weg ich auch gehe …
mit wem oder wohin …
Du bist immer bei mir …
spürbar, fühlbar, hörbar … nur für mich.
Solange du mir so präsent bist,
weiß ich, wir machen alles richtig …
weiß ich, wir sind absolut auf dem Weg der Liebe

Ewigkeit

Wenn zwei Seelen sich berühren,

schreiben sie ein Lied,

das durch alle Ewigkeit klingt.

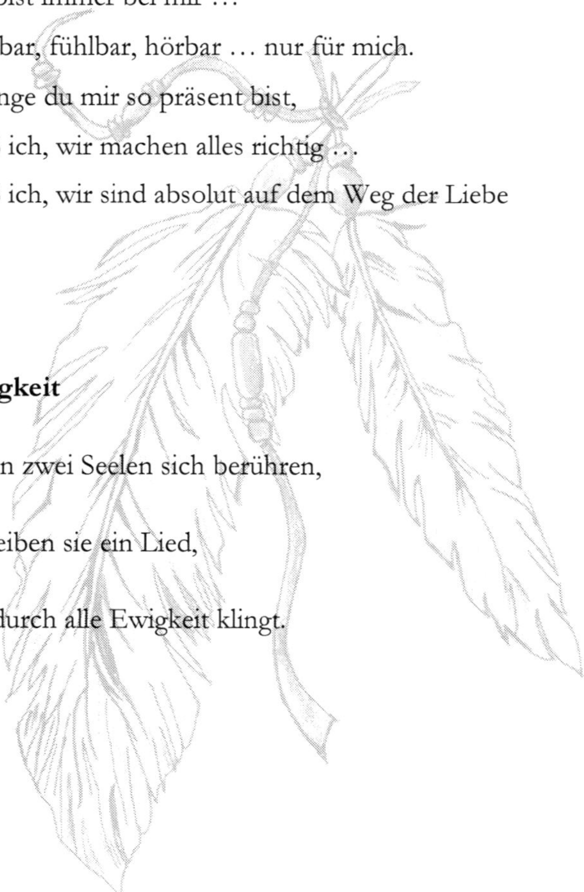

Fallen lassen

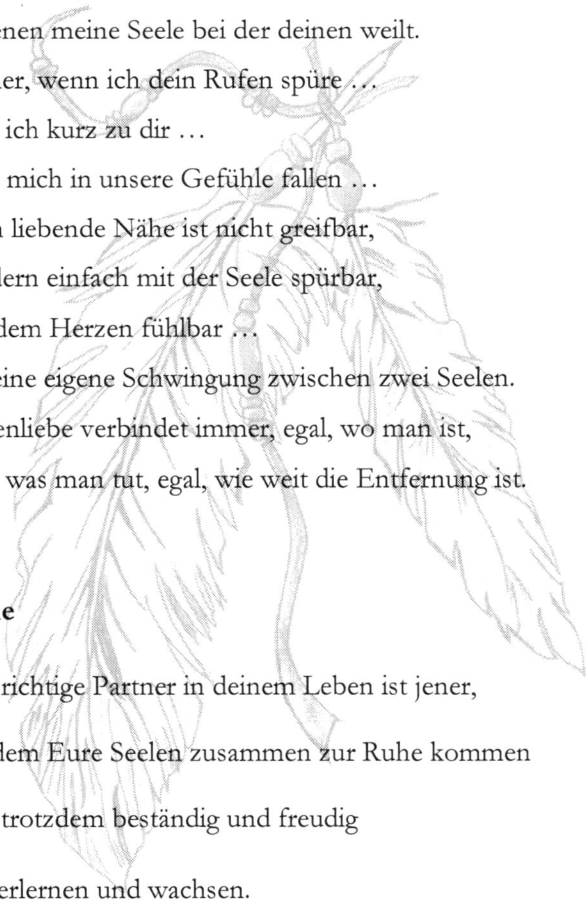

Manchmal gönne ich mir diese kurzen Auszeiten,
in denen meine Seele bei der deinen weilt.
Immer, wenn ich dein Rufen spüre …
reise ich kurz zu dir …
lasse mich in unsere Gefühle fallen …
denn liebende Nähe ist nicht greifbar,
sondern einfach mit der Seele spürbar,
mit dem Herzen fühlbar …
hat eine eigene Schwingung zwischen zwei Seelen.
Seelenliebe verbindet immer, egal, wo man ist,
egal, was man tut, egal, wie weit die Entfernung ist.

Ruhe

Der richtige Partner in deinem Leben ist jener,
bei dem Eure Seelen zusammen zur Ruhe kommen
und trotzdem beständig und freudig
weiterlernen und wachsen.

Magie unserer Liebe

Auch wenn wir uns nicht immer sehen können …

unsere Seelen gehen immer Hand in Hand.

Auch wenn wir die Worte nicht gesprochen haben …

sie klingen immer in unserem Inneren.

Auch wenn wir uns nicht immer berühren können …

unsere Herzen sind in inniger Umarmung

miteinander verwoben.

Das ist die Magie unserer Liebe.

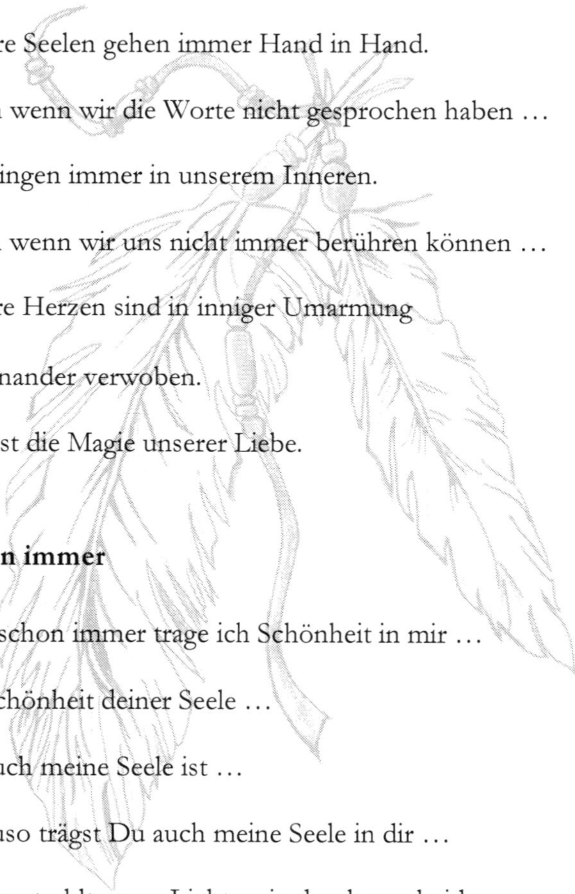

Schon immer

Und schon immer trage ich Schönheit in mir …

die Schönheit deiner Seele …

die auch meine Seele ist …

genauso trägst Du auch meine Seele in dir …

und so strahlt unser Licht ewig durch uns beide …

unser beider Wegweiser auf der Reise durch unsere Leben.

Ich bin

Ich bin ich …

Du bist Du …

Ich bin Du …

Du bist Ich.

So war es seit Anbeginn …

so wird es immer bleiben.

Zwei Körper und eine Seele …

zwei Wege und ein Lernziel …

zwei Seelenanteile auf dem Weg,

gemeinsam zusammenzufügen,

was sich zu Anbeginn entschlossen hat,

getrennt zu wachsen …

hin zur Wiedervereinigung …

hin zum höchsten Ziel …

um auf dem Weg zur Vollendung

unser Licht der Liebe

für alle scheinen zu lassen.

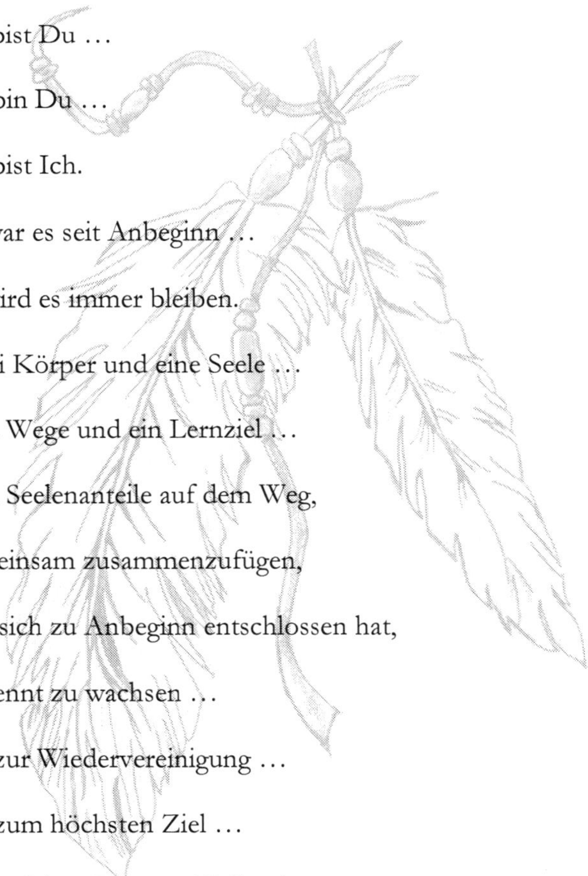

Seelenanteile

Dieses Gefühl der Nähe, ohne sich zu kennen,

diese immerwährende Verbundenheit in der Seele,

das Spüren des anderen, ohne zu wissen, wo er ist,

die Geborgenheit im Wissen über alle Entfernung

geliebt zu werden,

im Herzen zu glauben, trotz aller Zweifel des Verstandes,

und die sichere Ahnung, den anderen zu finden,

wenn die Zeit gekommen ist,

all dies ist die Magie der Liebe zwischen

zwei uralten Seelen,

eine Magie, die seit ewigen Zeiten beide Seelenanteile

immer wieder vereint

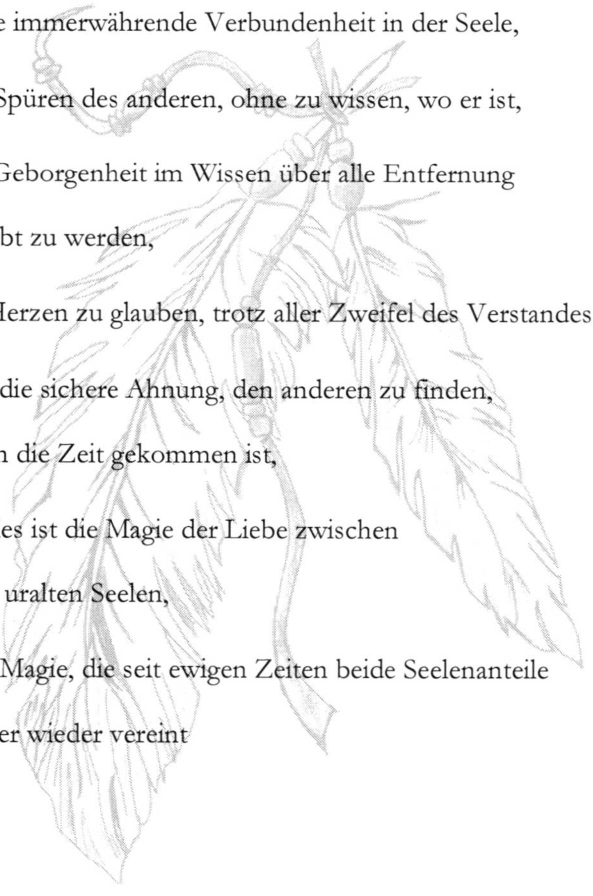

Ganz bei mir

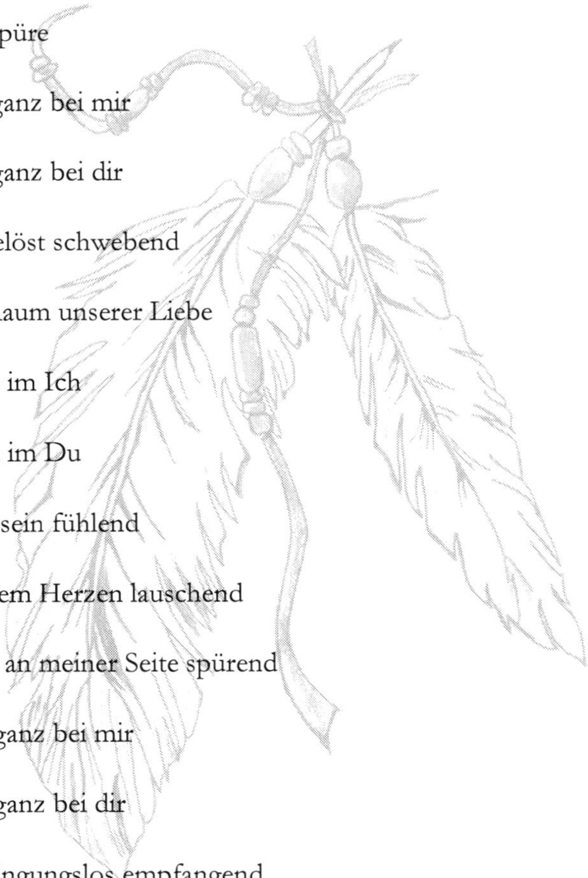

Ich fühle

ich lausche

ich spüre

bin ganz bei mir

bin ganz bei dir

losgelöst schwebend

im Raum unserer Liebe

ganz im Ich

ganz im Du

Einssein fühlend

deinem Herzen lauschend

dich an meiner Seite spürend

bin ganz bei mir

bin ganz bei dir

Bedingungslos empfangend

ohne zu fordern gebend

einfach ich selbst sein

einfach dich selbst sein lassen

einfach der Liebe lauschen

uns fühlen

uns spüren

einfach nur lieben.

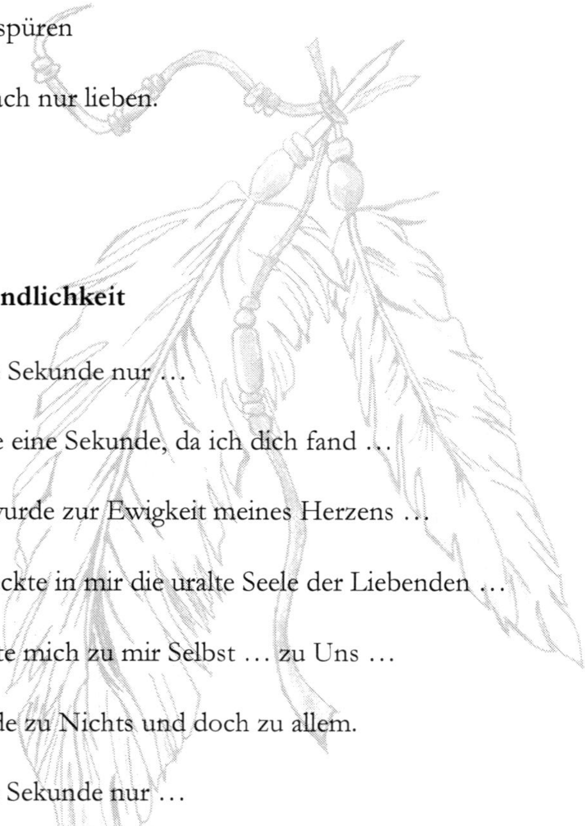

Unendlichkeit

Eine Sekunde nur …

diese eine Sekunde, da ich dich fand …

sie wurde zur Ewigkeit meines Herzens …

erweckte in mir die uralte Seele der Liebenden …

führte mich zu mir Selbst … zu Uns …

wurde zu Nichts und doch zu allem.

Eine Sekunde nur …

führte zur Unendlichkeit der Liebe.

Berührt

Noch nie wurde ich so berührt wie von dir …

so ganz ohne Hände …

nur von deiner Seele …

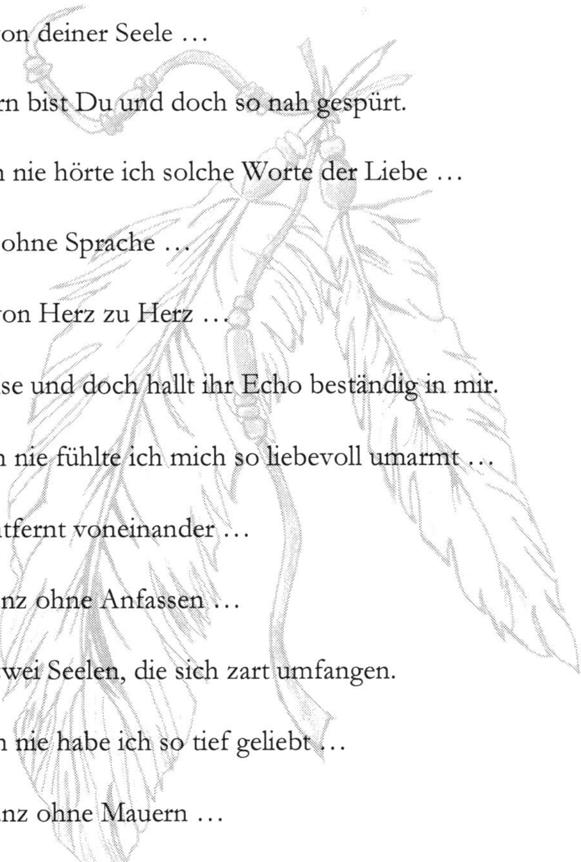

so fern bist Du und doch so nah gespürt.

Noch nie hörte ich solche Worte der Liebe …

ganz ohne Sprache …

nur von Herz zu Herz …

so leise und doch hallt ihr Echo beständig in mir.

Noch nie fühlte ich mich so liebevoll umarmt …

so entfernt voneinander …

so ganz ohne Anfassen …

nur zwei Seelen, die sich zart umfangen.

Noch nie habe ich so tief geliebt …

so ganz ohne Mauern …

nur Liebe und Fühlen …

so geliebt und aufgefangen …

miteinander in unserer Seele.

Heilung

Aber mit der Zeit wirst Du bemerken,

dass je tiefer diese Liebe in dir spürbar wird,

Du dich umso mehr veränderst.

Durch diese einzigartige Liebe

wirst Du langsam immer mehr zu dem Menschen,

der Du hier auf der Erde werden wolltest.

Und seltsamerweise verwandelt dich diese Seele,

ohne es zu wissen, Stück für Stück immer mehr,

und hilft dir so, deinen Weg der Heilung zu gehen.

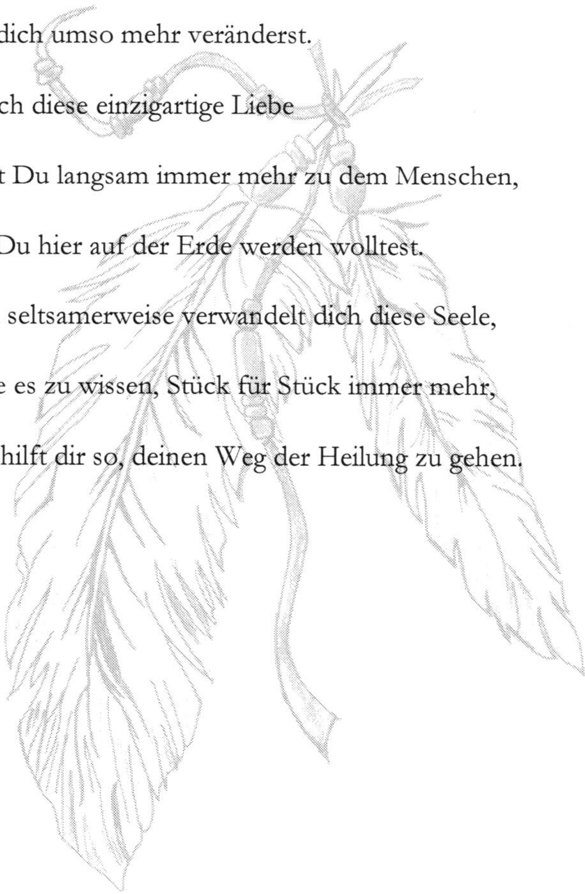

Sanft

Und manchmal so wie jetzt ~

sitze ich hier und horche still ~

lausche den Klängen deiner Seele ~

fühle den Hauch deiner Liebe ~

so kurz nur … so unsagbar zart ~

und ich lausche voller Ehrfurcht ~

und ich gebe dir all mein Fühlen ~

sende dir all meine Liebe … ganz sanft ~

die Dauer eines Flügelschlags nur ~

berühre ich federleicht dein Gesicht ~

lasse so meinen gefühlten Gruß bei dir ~

Ich weiß, Du fühlst mich … sanft … zart…

so kurz … und doch gefühlt für die Ewigkeit.

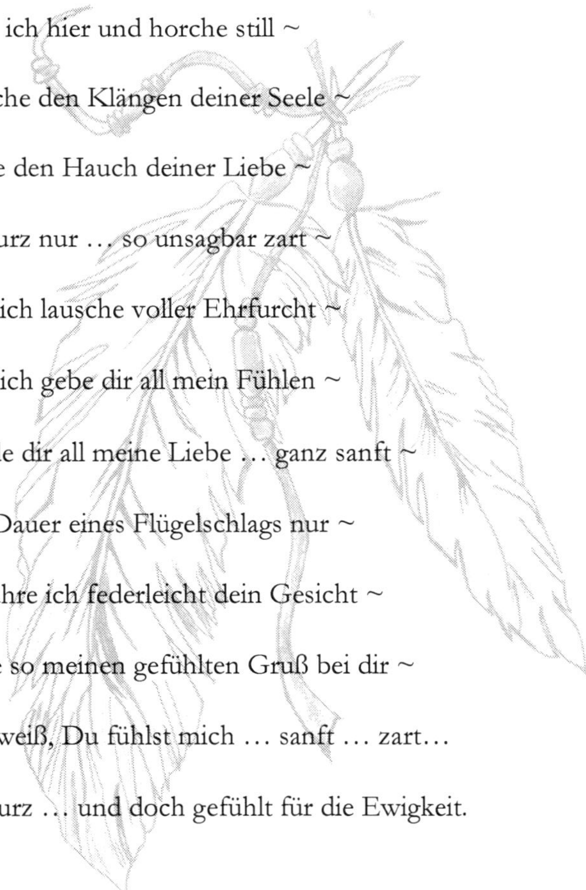

Fühlen

…Innehalten ♥

♥ fühlen

♥ deinen Gedanken lauschen

♥ fallen lassen

♥ Berührung spüren

♥ im Vertrauen sein

♥ Liebe empfangen

… wissen, Du bist immer da ♥

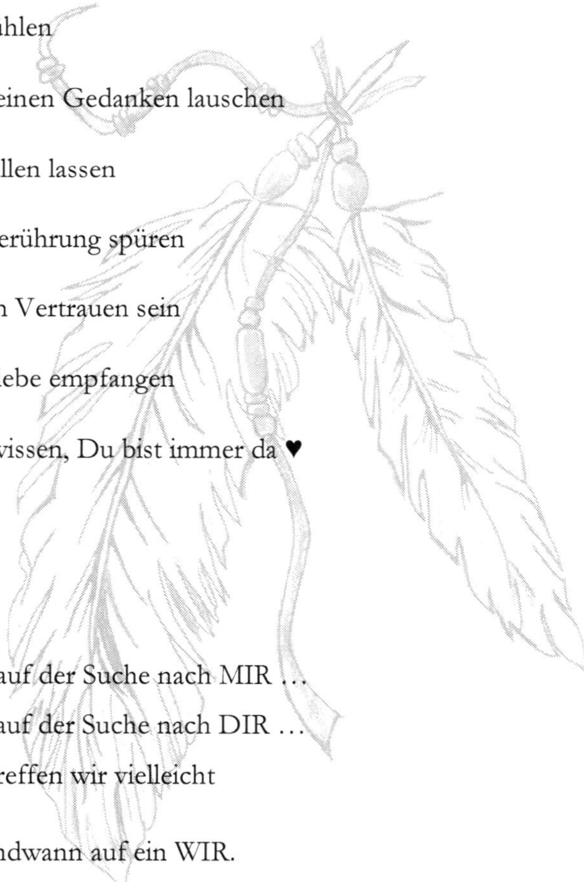

Wir

Ich auf der Suche nach MIR …

Du auf der Suche nach DIR …

So treffen wir vielleicht

irgendwann auf ein WIR.

Sekundenmomente

Zwischen deiner

und meiner Seele

die Augenblicke leben,

die kurzen Momente

des Fühlens genießen,

nicht halten wollen,

einfach lassen,

einfach fühlen,

einfach lieben,

einfach Sekundenmomente,

sanft gefühlt

in der Seele leben mit dir.

Vertrauen

Der eigentliche Zauber an der “großen” Liebe

ist die Magie des Glaubens

und das sichere Wissen des Herzens,

dass alles richtig ist, so wie es ist …

dass alles kommt, wie es kommen soll …

Vertrauen ist das Zauberwort der unendlichen Liebe.

Ich trage diese Magie in mir …

Ich Glaube … Ich Vertraue ♥

Berühren

Sich innerlich zu berühren,

ohne sich anzufassen,

ist eine Erfahrung,

die so tief berührt,

dass sie immer

als wundervolles Gefühl

im Herzen bleiben wird.

Wahrheit

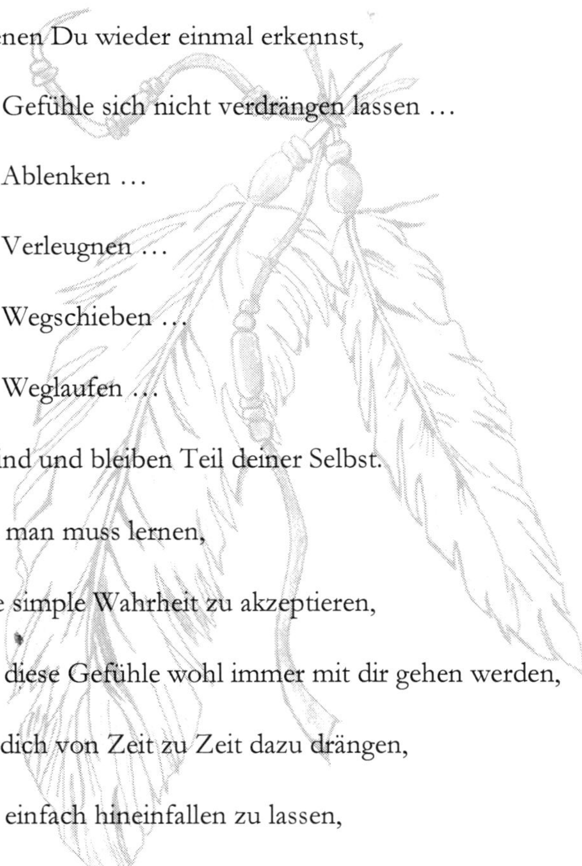

Am lehrreichsten sind wohl die Momente,

in denen Du wieder einmal erkennst,

dass Gefühle sich nicht verdrängen lassen …

kein Ablenken …

kein Verleugnen …

kein Wegschieben …

kein Weglaufen …

sie sind und bleiben Teil deiner Selbst.

Und man muss lernen,

diese simple Wahrheit zu akzeptieren,

dass diese Gefühle wohl immer mit dir gehen werden,

und dich von Zeit zu Zeit dazu drängen,

dich einfach hineinfallen zu lassen,

in all dieses Fühlen und Vermissen.

Seele an Seele

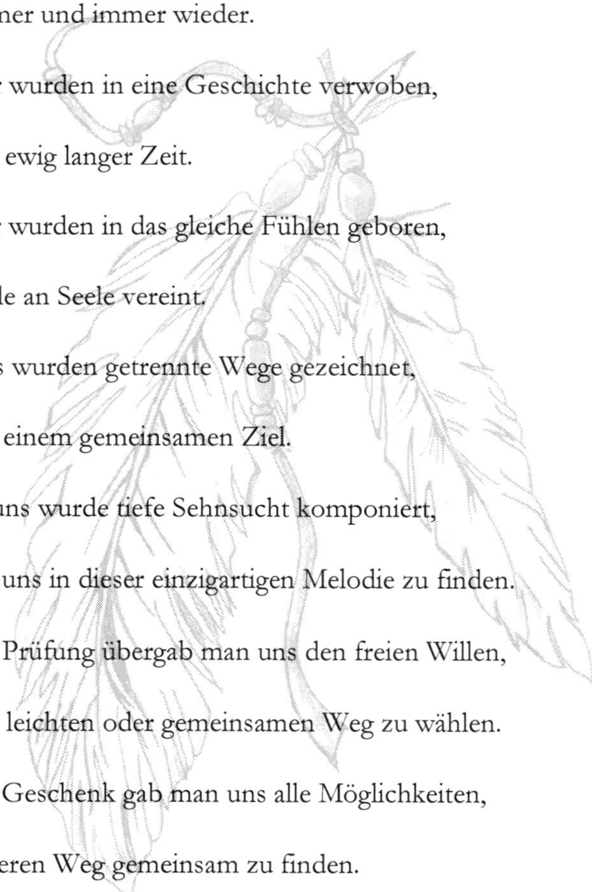

Wir wurden in die Zeit geschrieben,

immer und immer wieder.

Wir wurden in eine Geschichte verwoben,

vor ewig langer Zeit.

Wir wurden in das gleiche Fühlen geboren,

Seele an Seele vereint.

Uns wurden getrennte Wege gezeichnet,

mit einem gemeinsamen Ziel.

In uns wurde tiefe Sehnsucht komponiert,

um uns in dieser einzigartigen Melodie zu finden.

Als Prüfung übergab man uns den freien Willen,

den leichten oder gemeinsamen Weg zu wählen.

Als Geschenk gab man uns alle Möglichkeiten,

unseren Weg gemeinsam zu finden.

Es liegt an uns dieses Geschenk zu öffnen.

Perfekter Moment

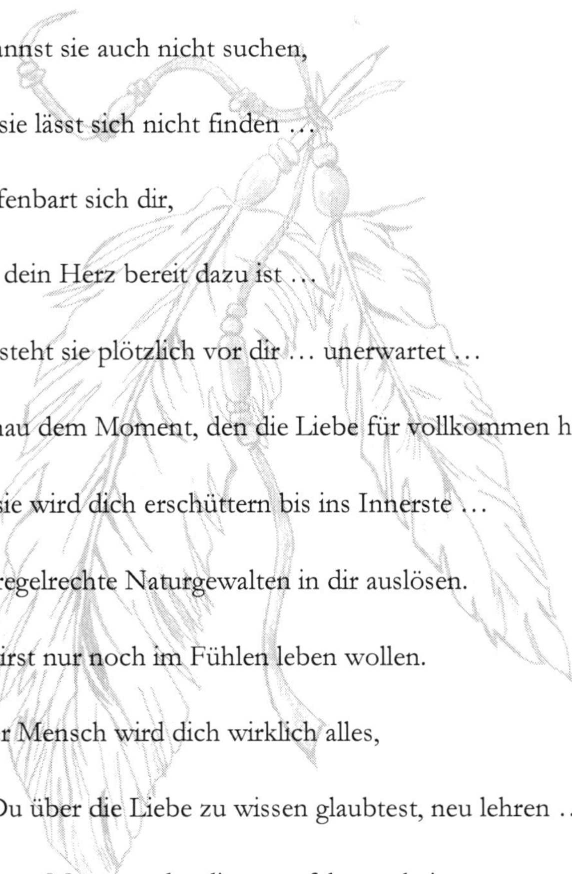

Es gibt keinen perfekten Moment,

um diese eine Liebe zu finden.

Du kannst sie auch nicht suchen,

denn sie lässt sich nicht finden …

sie offenbart sich dir,

wenn dein Herz bereit dazu ist …

dann steht sie plötzlich vor dir … unerwartet …

in genau dem Moment, den die Liebe für vollkommen hält.

Und sie wird dich erschüttern bis ins Innerste …

wird regelrechte Naturgewalten in dir auslösen.

Du wirst nur noch im Fühlen leben wollen.

Dieser Mensch wird dich wirklich alles,

was Du über die Liebe zu wissen glaubtest, neu lehren …

zu einem Moment, der dir unperfekt erscheinen mag.

Und doch wird es der perfekte Zeitpunkt für euch sein.

Heimat

Wo wahre tiefe Liebe Zuhause ist,

bedarf es kaum noch der Worte …

erklären lässt sie sich nicht …

mit keinem Wort beschreiben …

mit keiner Farbe malen …

mit keinem Ton singen …

nur fühlen und erfahren …

im Herzen …

in der Seele …

Du fühlst es einfach …

fühlst es gemeinsam …

dieses Angekommensein …

dieses Vertrauen …

das Fallen lassen in den anderen …

auch über große Distanz …

ist die gemeinsame Heimat fühlbar …

in euren Herzen … in eurer Seele ♥

Zwei Seelen

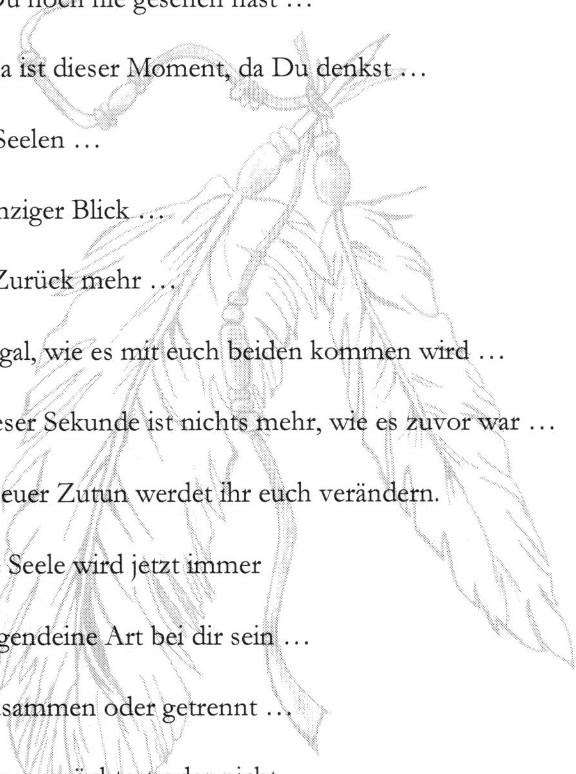

Und plötzlich schneit ein Mensch in dein Leben,

den Du noch nie gesehen hast …

und da ist dieser Moment, da Du denkst …

zwei Seelen …

ein einziger Blick …

kein Zurück mehr …

und egal, wie es mit euch beiden kommen wird …

ab dieser Sekunde ist nichts mehr, wie es zuvor war …

ohne euer Zutun werdet ihr euch verändern.

Diese Seele wird jetzt immer

auf irgendeine Art bei dir sein …

ob zusammen oder getrennt …

ob Du es möchtest oder nicht …

das Einssein ist immer fühlbar …

die Nähe zueinander immer da …

und Du denkst

fühlst

erlebst

nur noch für zwei.

Dieses Gefühl wird dich von nun an immer begleiten …

und wie sehr Du es vielleicht auch möchtest …

keine andere Seele kann dir dieses Fühlen nochmals geben.

Irrgarten

Manchmal trifft man auf einen Menschen,

schaut ihm direkt in sein Herz,

und versinkt augenblicklich in dessen Seele.

Und dann kann es geschehen,

dass man selbst erst spät bemerkt,

dass man sich in einen Irrgarten verloren hat,

im Irrgarten und der

Unentschlossenheit des anderen.

Vielleicht war dieses Verlieren und Verirren

in ihm auch einfach für dich nötig,

um dich selbst dadurch wiederzufinden.

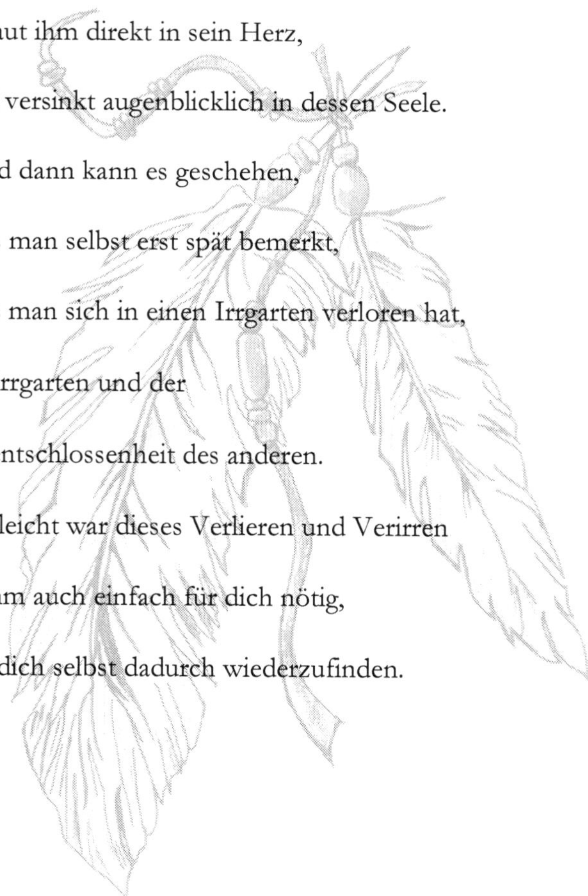

Soviel Liebe

Soviel Macht, deine Gefühle

von Null auf Hundert

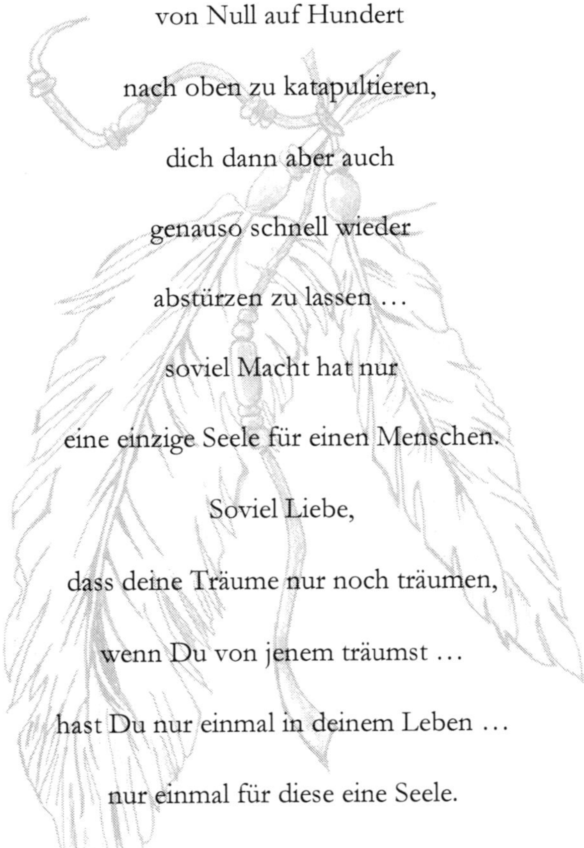

nach oben zu katapultieren,

dich dann aber auch

genauso schnell wieder

abstürzen zu lassen …

soviel Macht hat nur

eine einzige Seele für einen Menschen.

Soviel Liebe,

dass deine Träume nur noch träumen,

wenn Du von jenem träumst …

hast Du nur einmal in deinem Leben …

nur einmal für diese eine Seele.

Zuhause

Wenn man da angekommen ist,

wo Worte ihre Bedeutung verlieren,

da, wo gemeinsames Schweigen

zur Umarmung der Seelen wird,

und nur Gefühle erklären können,

was das Herz so unendlich tief bewegt …

wird Sprachlosigkeit zur Zwiesprache.

Wenn man in der gemeinsamen Stille

die Hand des anderen in der eigenen spürt,

weil schon Gedanken reichen, um sich nahe zu sein,

und dein Herz im Takt des anderen zur Ruhe kommt,

dann hat die Sehnsucht ihr Zuhause gefunden.

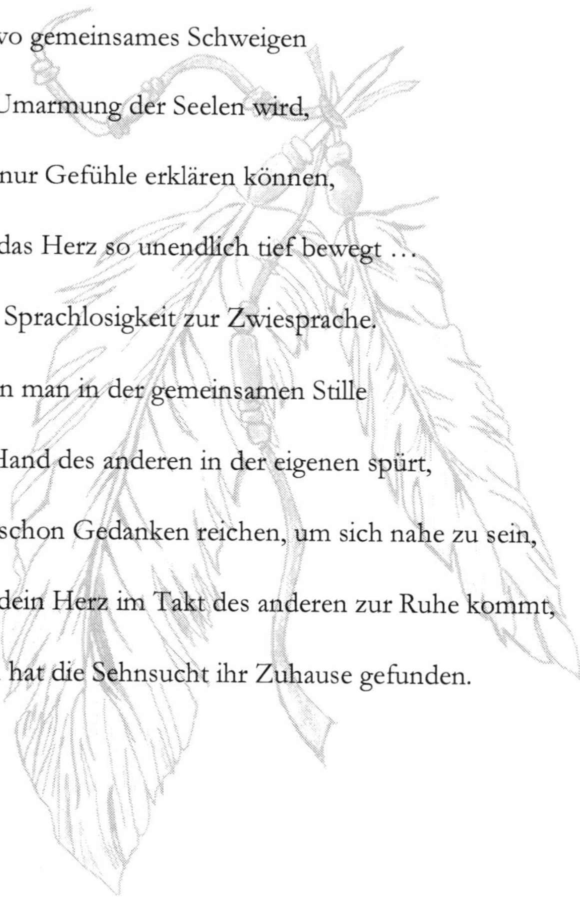

Vertrauende Seelen

Verschlungene Seelen immerdar ...

von Leben zu Leben tiefer verwurzelt ...

immerwährende Suche nach dieser Liebe ...

stetiges Wachstum einer Seele auf zwei Wegen ...

und jedes mal gilt es neu zu lernen ...

dass Vertrauen einfach der Schlüssel ist ...

tiefes ... fühlendes ... blindes ... absolutes

Vertrauen in den Weg des anderen ...

Vertrauen in das Ziel einer gemeinsame Ankunft.

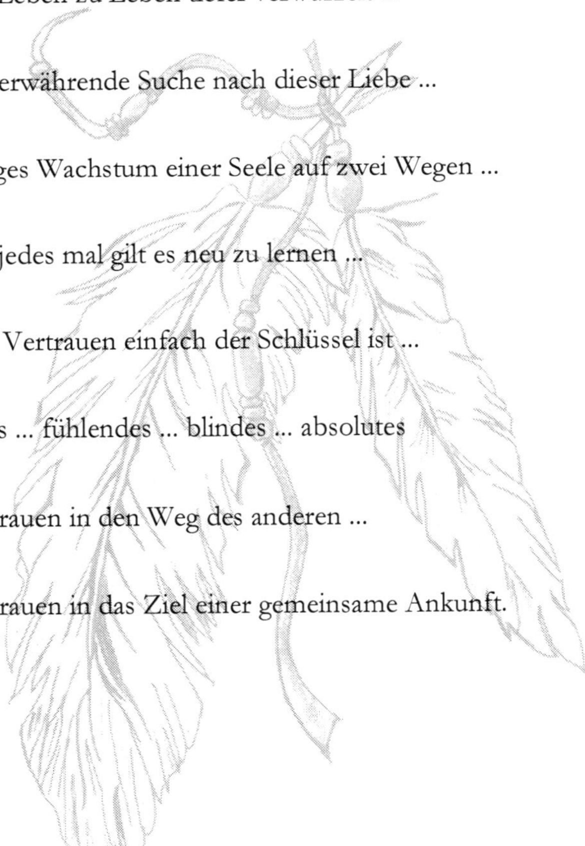

Das Flüstern deiner Seele

Und manchmal höre ich

dem Flüstern deiner Seele zu

wie sie mir erzählt

von alldem was sein sollte

und doch nicht wird.

Sie raunt mir zu

von deinen

inneren Kämpfen,

von deiner Kraft Gefühle

zu umgehen,

von deinem Willen

nicht wirklich Fühlen

zu wollen was doch

zu Dir gehört,

von deinem tiefen Glauben,

dass es Dir gegeben sei,

deinen Weg allein zu gehen.

Und manchmal höre ich

zwischen deinem Wirken,

dein Bedauern, nicht wirklich

zu leben was dein Fühlen

sich so ersehnt.

Heimatboden

Nebeneinander stehen …

Seele an Seele tief verwurzelt …

miteinander verbunden …

berühren

fühlen

anfassen

sich spüren …

über alle Distanz hinweg.

Die Seelen wachsen lassen …

nebeneinander

miteinander

zueinander hin.

Doch auch achtsam sein …

und zur rechten Zeit …

den Wurzeln erlauben,

sich trotz aller

Ängste

Bedenken

Verletzungen

anzunähern …

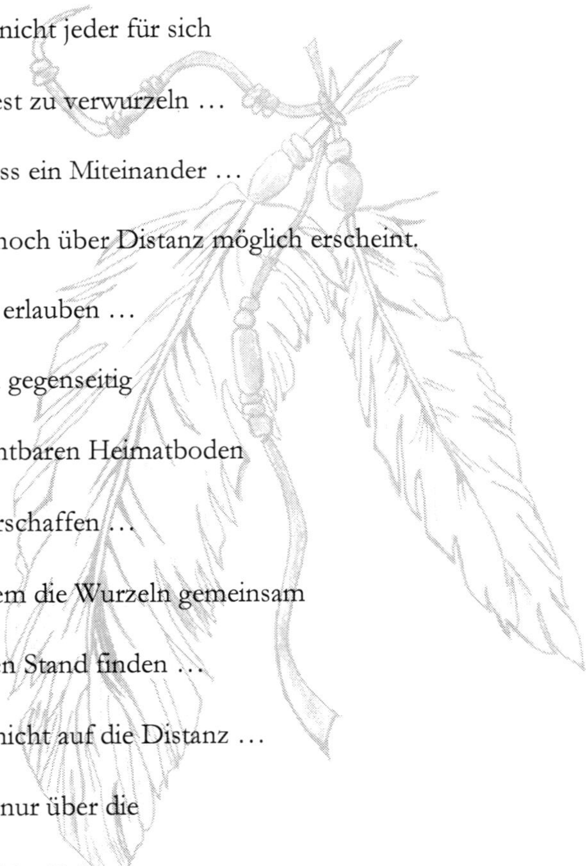

sich nicht jeder für sich

zu fest zu verwurzeln …

sodass ein Miteinander …

nur noch über Distanz möglich erscheint.

Sich erlauben …

auch gegenseitig

fruchtbaren Heimatboden

zu erschaffen …

in dem die Wurzeln gemeinsam

festen Stand finden …

um nicht auf die Distanz …

und nur über die

gefühlte Zeit hinweg,

trotz aller Zuneigung …

in verschiedene Richtungen wachsen.

Melodie

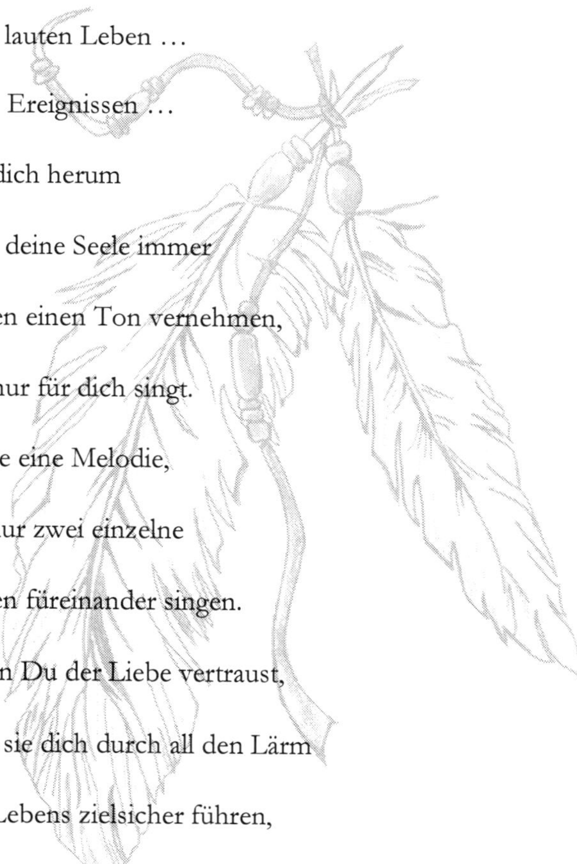

Und zwischen

all den Menschen …

dem lauten Leben …

allen Ereignissen …

um dich herum

wird deine Seele immer

diesen einen Ton vernehmen,

der nur für dich singt.

Diese eine Melodie,

die nur zwei einzelne

Seelen füreinander singen.

Wenn Du der Liebe vertraust,

wird sie dich durch all den Lärm

des Lebens zielsicher führen,

um eure Melodie gemeinsam

erklingen zu lassen.

Wir sind Eins

Wo Du auch bist,

und wer Du auch bist in diesem Leben …

Deine Nähe ist bei mir,

deine Seele flüstert in meinem Herzen.

Wo Ich auch bin, wo ich auch gerade stehe,

ich fühle deine Hand in der meinen.

Ich bin nicht alleine!

Wo Du auch bist jetzt in diesem Sein,

unsere Wege gleichen sich,

unsere Suche ist doch immer auch die des anderen.

Wo ich auch gehe, folge Ich doch nur deinen Spuren,

die seit Urzeiten schon einen Weg zusammen gehen.

Du bist nicht alleine!

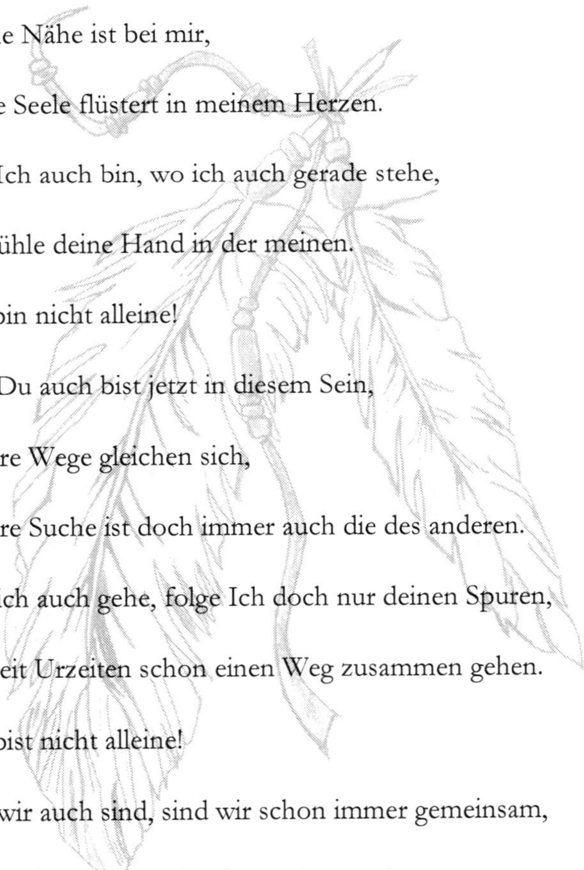

Wo wir auch sind, sind wir schon immer gemeinsam,

geht jeder den Weg für den anderen mit,

und wo wir auch gehen, führen unsere Wege zueinander.

Wir sind nicht alleine … Wir sind Eins!

Zauber

Dieser magische Augenblick,

wenn das Erkennen einer Seele

dein Innerstes erschüttert.

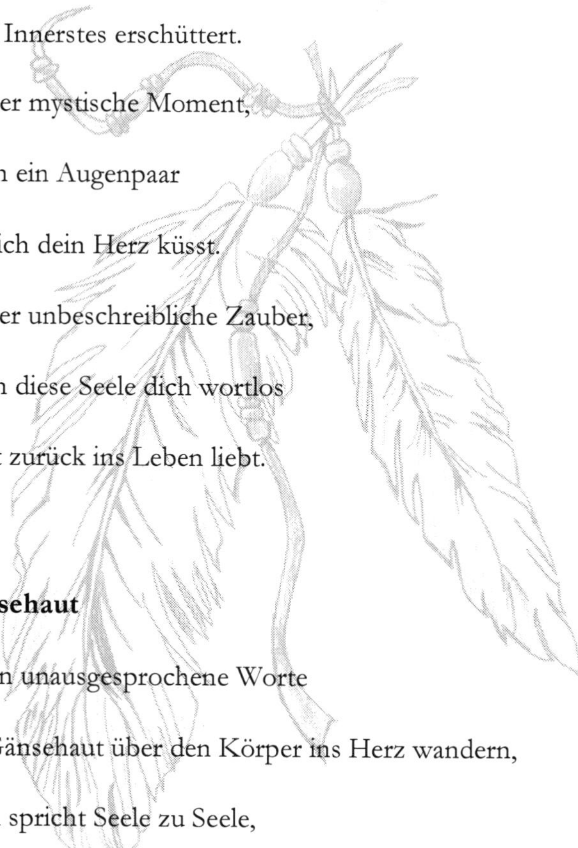

Dieser mystische Moment,

wenn ein Augenpaar

zärtlich dein Herz küsst.

Dieser unbeschreibliche Zauber,

wenn diese Seele dich wortlos

sanft zurück ins Leben liebt.

Gänsehaut

Wenn unausgesprochene Worte

als Gänsehaut über den Körper ins Herz wandern,

dann spricht Seele zu Seele,

dann vereint sich, was schon immer zusammengehört.

Wellen

Kennt ihr das …

diese Wellen,

die aus der Herzmitte heraus

den Körper überfluten …

und das sichere Gefühl dabei …

es sind die Energien

eures Seelenzwillings?

Fühlst Du?

Meine Gedanken

schleichen sich

immer wieder

zu Dir.

Fühlst Du sie?

Uralte Narben

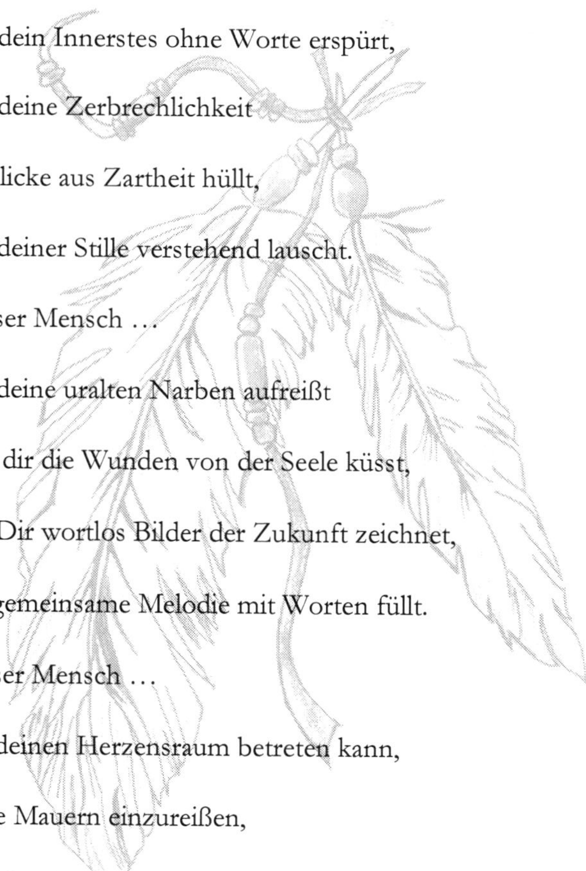

Und dann steht er da,

dieser Mensch …

der dein Innerstes ohne Worte erspürt,

der deine Zerbrechlichkeit

in Blicke aus Zartheit hüllt,

der deiner Stille verstehend lauscht.

Dieser Mensch …

der deine uralten Narben aufreißt

und dir die Wunden von der Seele küsst,

der Dir wortlos Bilder der Zukunft zeichnet,

die gemeinsame Melodie mit Worten füllt.

Dieser Mensch …

der deinen Herzensraum betreten kann,

ohne Mauern einzureißen,

weil für ihn keine Hürden in Dir existieren.

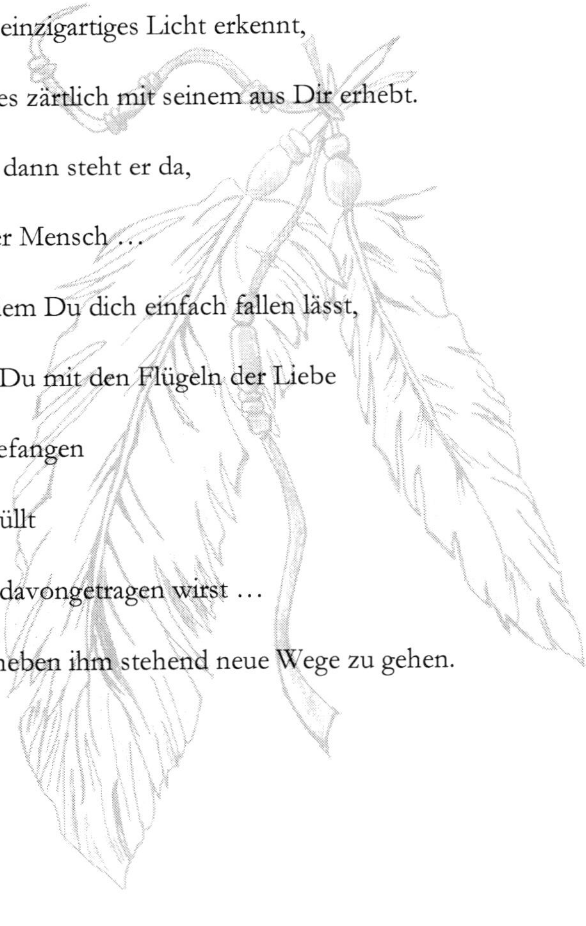

Und dann steht er da,

dieser Mensch …

der in deinen Tiefen und der Dunkelheit,

dein einzigartiges Licht erkennt,

und es zärtlich mit seinem aus Dir erhebt.

Und dann steht er da,

dieser Mensch …

bei dem Du dich einfach fallen lässt,

weil Du mit den Flügeln der Liebe

aufgefangen

umhüllt

und davongetragen wirst …

um neben ihm stehend neue Wege zu gehen.

Seelenmelodie

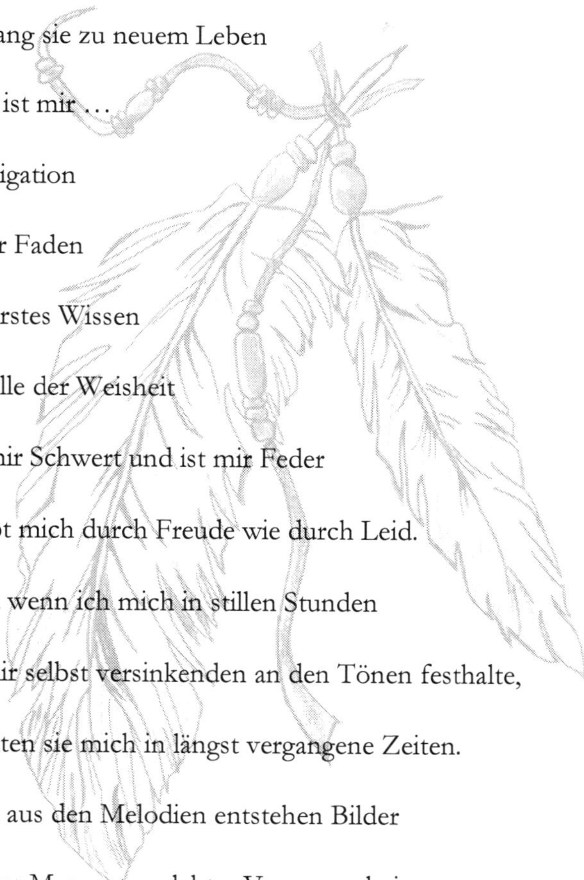

Ich fühle diese Melodie in mir … schon immer.

Gemeinsam mit dem ersten Atemzug

erklang sie zu neuem Leben

und ist mir …

Navigation

roter Faden

innerstes Wissen

Quelle der Weisheit

ist mir Schwert und ist mir Feder

treibt mich durch Freude wie durch Leid.

Und wenn ich mich in stillen Stunden

in mir selbst versinkenden an den Tönen festhalte,

geleiten sie mich in längst vergangene Zeiten.

Und aus den Melodien entstehen Bilder

uralter Momente gelebter Vergangenheiten,

und lassen in meinem Inneren …

Länder

Gefühle

ferne Zeiten

Erlebtes

Erfühltes …

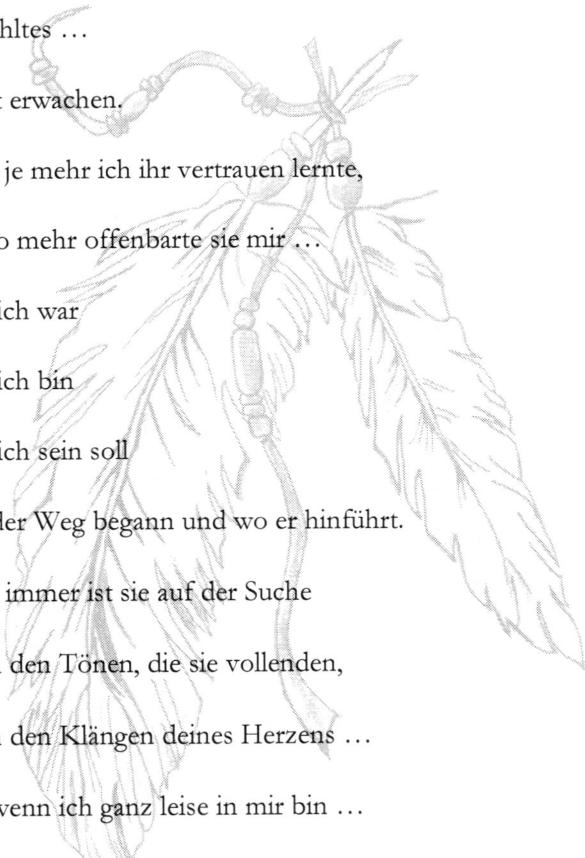

sanft erwachen.

Und je mehr ich ihr vertrauen lernte,

umso mehr offenbarte sie mir …

wer ich war

wer ich bin

wer ich sein soll

wo der Weg begann und wo er hinführt.

Und immer ist sie auf der Suche

nach den Tönen, die sie vollenden,

nach den Klängen deines Herzens …

die wenn ich ganz leise in mir bin …

in meinem Herzen zärtlich klingen.

Ich fühle diese Melodie in mir …

die Sprache unserer Seele.

Schweben

Sachte schweben meine Gedanken zu dir …

um kurz bei dir zu verweilen …

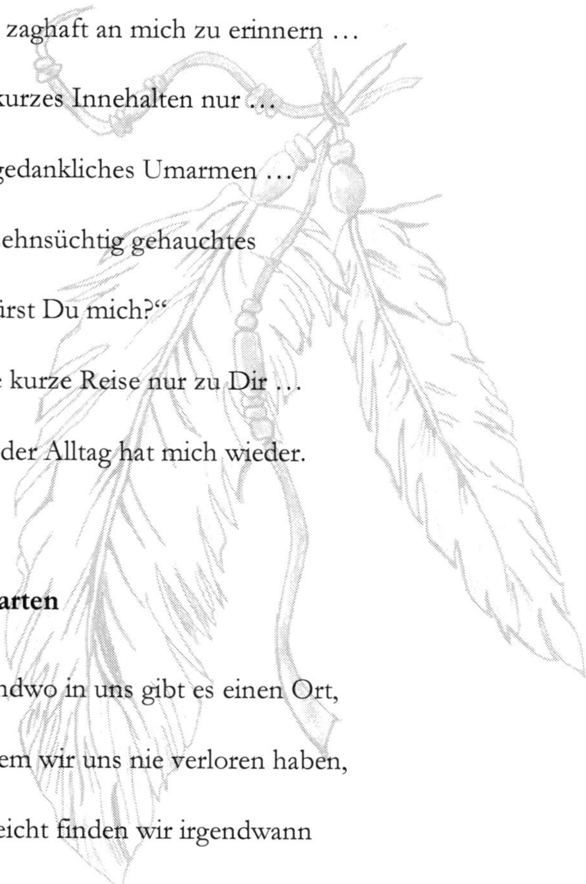

dich zaghaft an mich zu erinnern …

ein kurzes Innehalten nur …

ein gedankliches Umarmen …

ein sehnsüchtig gehauchtes

„Spürst Du mich?“

Eine kurze Reise nur zu Dir …

und der Alltag hat mich wieder.

Irrgarten

Irgendwo in uns gibt es einen Ort,

an dem wir uns nie verloren haben,

vielleicht finden wir irgendwann

durch den Irrgarten der Gefühle

gemeinsam wieder dorthin.

Türöffner

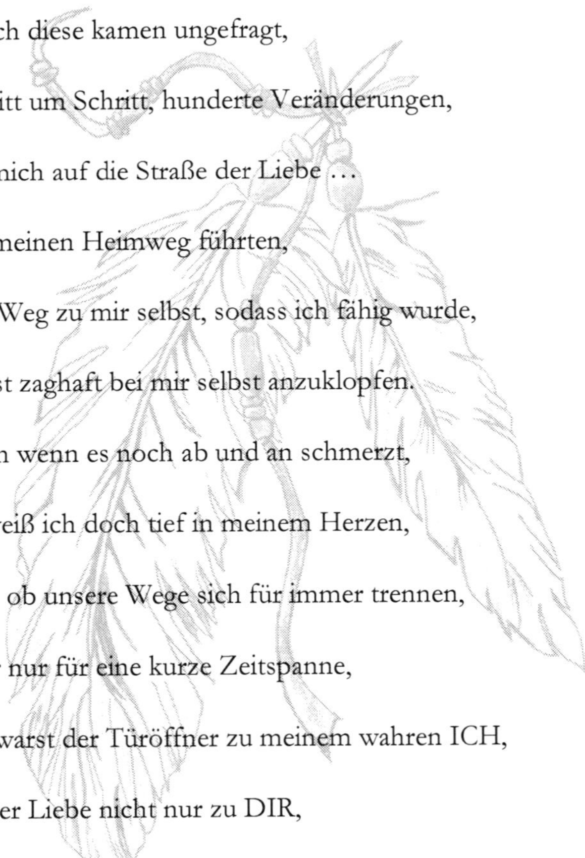

Als Ich Dir begegnete, öffnete sich unbemerkt,

still und leise, eine Tür in meinem Herzen.

Durch diese kamen ungefragt,

Schritt um Schritt, hunderte Veränderungen,

die mich auf die Straße der Liebe …

auf meinen Heimweg führten,

den Weg zu mir selbst, sodass ich fähig wurde,

selbst zaghaft bei mir selbst anzuklopfen.

Auch wenn es noch ab und an schmerzt,

so weiß ich doch tief in meinem Herzen,

egal, ob unsere Wege sich für immer trennen,

oder nur für eine kurze Zeitspanne,

Du warst der Türöffner zu meinem wahren ICH,

zu der Liebe nicht nur zu DIR,

sondern auch zu MIR …

und in MIR finde ich immer wieder DICH.

Stille

Ich muss nur in die Stille gehen,

die Augen schließen und fühlen …

dann spüre ich deine Berührung,

sehe deine liebevollen Blicke …

und fühle deine Gegenwart.

Egal, wo und wie weit Du bist,

oder wo ich bin …

Du bist immer bei mir.

Vertrauen

Wenn du tief im Herzen spürst,
dass die Liebe, die Du für jemanden fühlst,
für dich die einzig richtige ist.
Wenn deine Seele einfach nur Ja sagt,
dann solltest Du diese Liebe einfach zulassen.
Gehe in dein Vertrauen und glaube daran,
dass alles zu seiner Zeit
zum Besten für dich kommen wird.

Einfach Ich

ICH bin ICH …
auch wenn ich DU bin,
bleibe ich immer ICH …
eigene Emotionen …
eigene Entscheidung …
keine Manipulation …
weder gebend noch empfangend.
Nur fühlend und liebend.
Einfach ICH bleiben …
auch im DU.

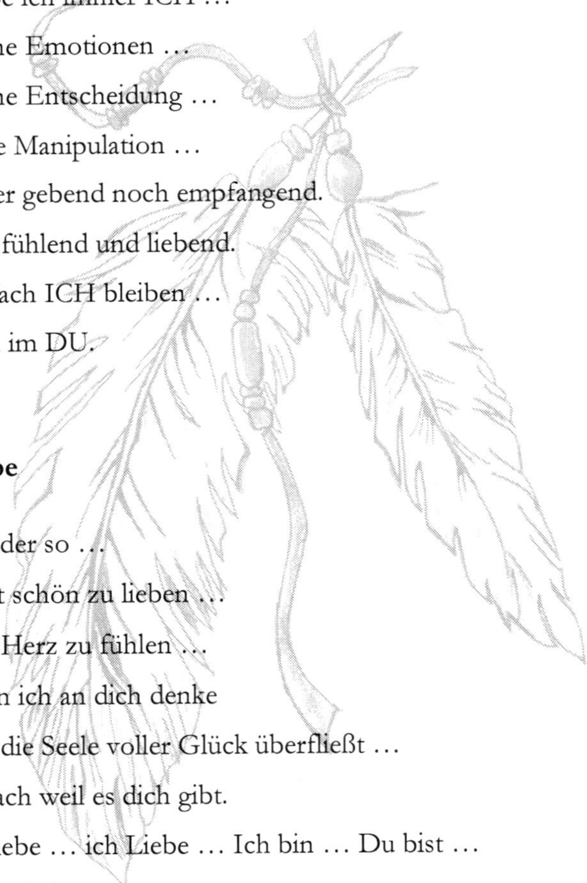

Liebe

So oder so …
es ist schön zu lieben …
sein Herz zu fühlen …
wenn ich an dich denke
und die Seele voller Glück überfließt …
einfach weil es dich gibt.
Ich lebe … ich Liebe … Ich bin … Du bist …
so einfach ist es .

Nur wir zwei

Lass uns in der Nacht zu den Sternen fliegen …
nur wir zwei …
Lass und albern lachen lieben glücklich sein …
nur wir zwei …
lass die Schwere den Alltag hinter uns versinken …
nur wir zwei …
lass uns mit den Engeln tanzen und spielen …
nur wir zwei.
Lass uns Hände haltend durch die Galaxien schlendern …
nur wir zwei.
Lass uns unsere Herzen in den Himmel malen …
nur wir zwei.

Sehr Nahe

Wenn Du mich wortlos verstehen kannst,
mich ohne Blicke sehen kannst,
und mich, ohne zu berühren, spürst …
dann bist Du meiner Seele sehr nahe …
dann bist jener, der meine Seele zum Tanzen bringt.

Die Schlucht

Du stehst an der einen Seite der Schlucht,
ich auf der anderen Seite …
unter uns ein wirbelnder Strom …
kein Zusammenkommen, wie es scheint.
Lass uns beide geduldig in die gleiche Richtung laufen,
bis irgendwann die nächste Brücke kommt …
auf deren Mitte wir uns dann treffen können,
und wir Uns und das Leben liebend umarmen.
Oder lass uns voller Urvertrauen ineinander,
in die Tiefe, in den wirbelnden Fluss springen,
einfach voller Liebe das Risiko eingehen.
So oder so haben wir die Chance,
in Zukunft auf der gleichen Seite entlangzugehen,
in der Gewissheit, uns immer gegenseitig aufzufangen.

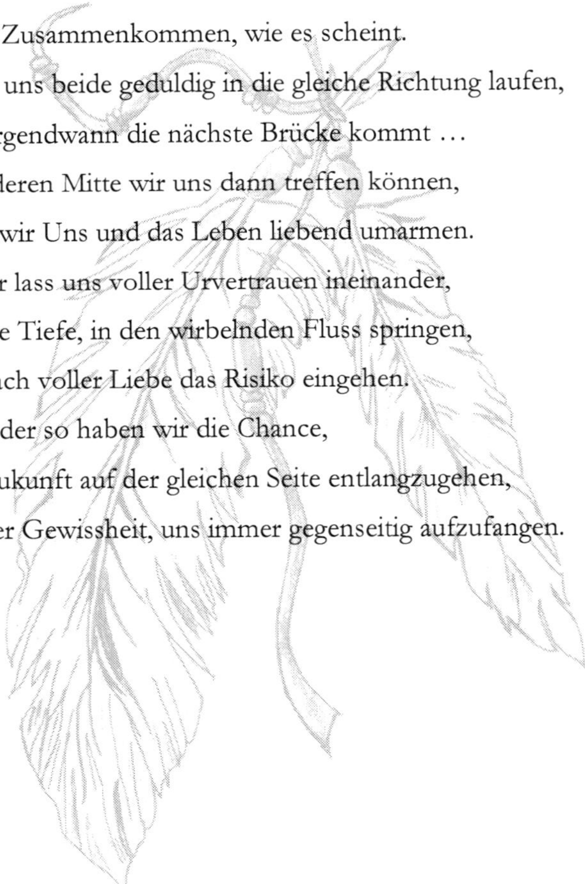

Mitternachtsblau

Wenn ich ganz still werde,
nicht nur mit Worten …
sondern Stille in mir selbst habe.
Die Gedanken unwichtig sind, ich sie einfach,
ohne sie zur Kenntnis zu nehmen, vorbeiziehen lasse.
Dann bin ich in meiner eigenen Stille …
einfach nur bei mir.
Aber es ist immer wieder wunderbar festzustellen,
dass ich dort nicht alleine bin …
denn tief in mir höre ich dein Flüstern,
das, wie eine Feder so leicht,
um meine Gefühle schwebt …
in mir wie immer alle Widerstände bricht,
und meine aufgewühlten Emotionen beruhigt …
alle Ängste und Bedenken wieder wegfegt,
wie ein federzarter Sommernachtswind …
mir ein mitternachtsblaues Strahlen in die Augen zaubert,
ein Lächeln voller Regenbogensterne für den Tag schenkt.
Ja, so fühle ich mich, wenn ich dich in meiner Stille finde.

Magie

Die Magie liebender Seelen

kann das Herz und die Seele
des anderen streicheln,

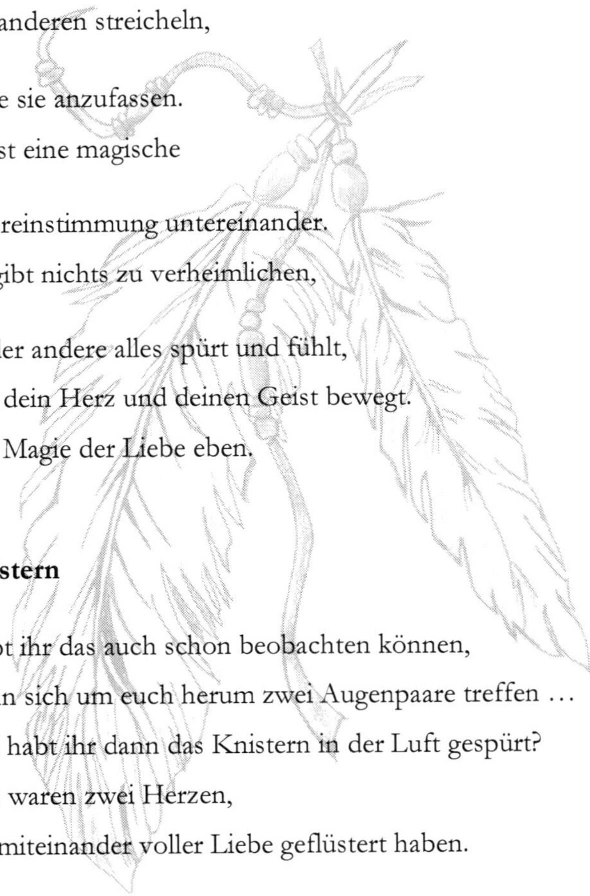

ohne sie anzufassen.
Es ist eine magische

Übereinstimmung untereinander.
Es gibt nichts zu verheimlichen,

da der andere alles spürt und fühlt,
was dein Herz und deinen Geist bewegt.
Die Magie der Liebe eben.

Knistern

Habt ihr das auch schon beobachten können,
wenn sich um euch herum zwei Augenpaare treffen …
und habt ihr dann das Knistern in der Luft gespürt?
Das waren zwei Herzen,
die miteinander voller Liebe geflüstert haben.

Bilder

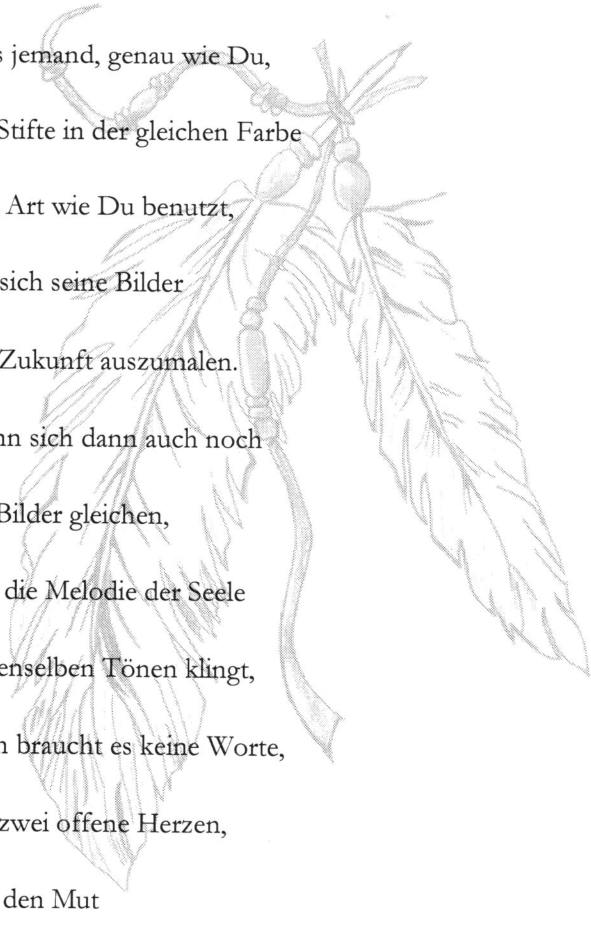

Es ist ein schöner Moment,

wenn Du erkennst,

dass jemand, genau wie Du,

die Stifte in der gleichen Farbe

und Art wie Du benutzt,

um sich seine Bilder

der Zukunft auszumalen.

Wenn sich dann auch noch

die Bilder gleichen,

und die Melodie der Seele

in denselben Tönen klingt,

dann braucht es keine Worte,

nur zwei offene Herzen,

und den Mut

aufeinander zuzugehen.

Der Weg

Es gibt kein aneinander vorbei,

es ist immer ein Nebeneinander,

auf zwei verschiedenen Wegen,

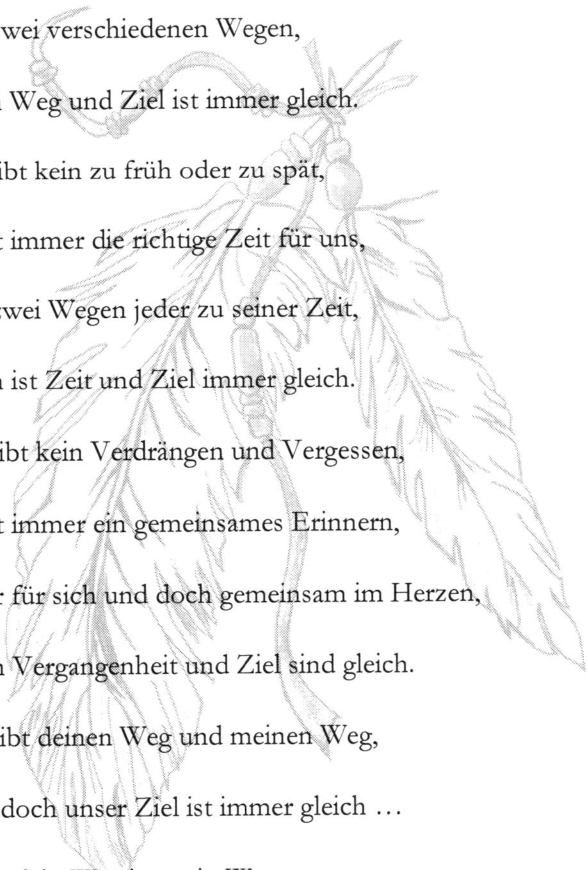

doch Weg und Ziel ist immer gleich.

Es gibt kein zu früh oder zu spät,

es ist immer die richtige Zeit für uns,

auf zwei Wegen jeder zu seiner Zeit,

doch ist Zeit und Ziel immer gleich.

Es gibt kein Verdrängen und Vergessen,

es ist immer ein gemeinsames Erinnern,

jeder für sich und doch gemeinsam im Herzen,

denn Vergangenheit und Ziel sind gleich.

Es gibt deinen Weg und meinen Weg,

und doch unser Ziel ist immer gleich …

denn dein Weg ist mein Weg …

so wie der meine der deine ist …

denn unsere Seele ist gleich … ist Eins.

Zauberhafte Momente

Und dann gibt es diesen Moment im Leben,

diese zauberhafte magische Sekunde,

im einen Moment seid ihr euch noch fremd,

im nächsten habt ihr die Grenze

zur Zuneigung schon weit überschritten,

um innerhalb eines Flügelschlages der Zeit

im Land der Liebe wieder neu zu erwachen.

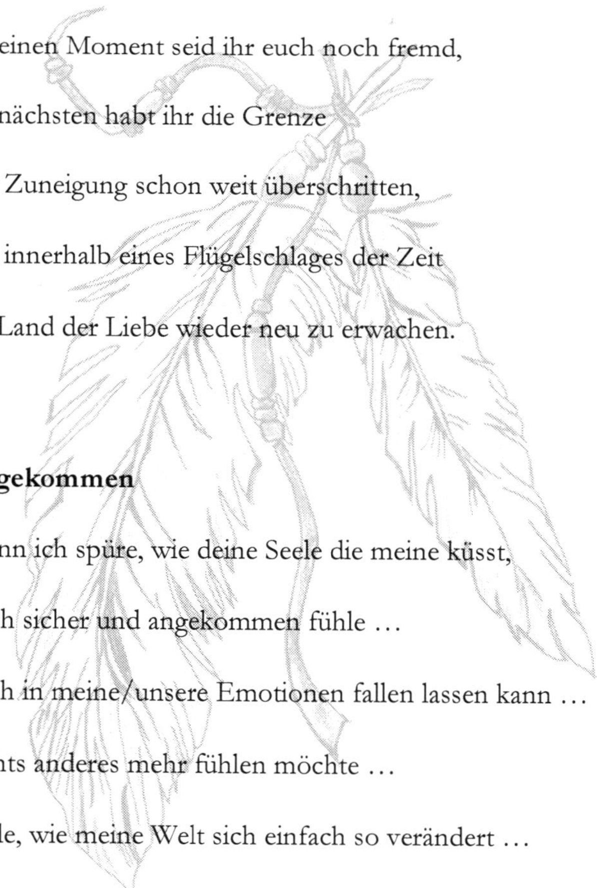

Angekommen

Wenn ich spüre, wie deine Seele die meine küsst,

mich sicher und angekommen fühle …

mich in meine/unsere Emotionen fallen lassen kann …

nichts anderes mehr fühlen möchte …

fühle, wie meine Welt sich einfach so verändert …

keine Worte mehr brauche, um zu wissen …

dann weiß ich, dass ich bei dir angekommen bin.

Wortlos

Und wortlos sitze ich da und frage mich

… wann hat es eigentlich angefangen

… von einem Atemzug zum nächsten war es plötzlich da

… dieses Gefühl, das meine Seele umhüllt

und die Sehnsucht immer weiter steigert

… diese Liebe, die mein Herz verzaubert und weit öffnet

… dieses Angekommen fühlen und

voller Zuversicht in den Lauf der Dinge sein

… diese Gefühl von „es ist schon richtig, wie es ist“

… im Fühlen und Denken gefangen

und trotzdem frei zu sein

… dass zwischen zwei Atemzügen

plötzlich alles anders war, ist alles, was ich weiß

… ist alles, was mein Herz wissen muss.

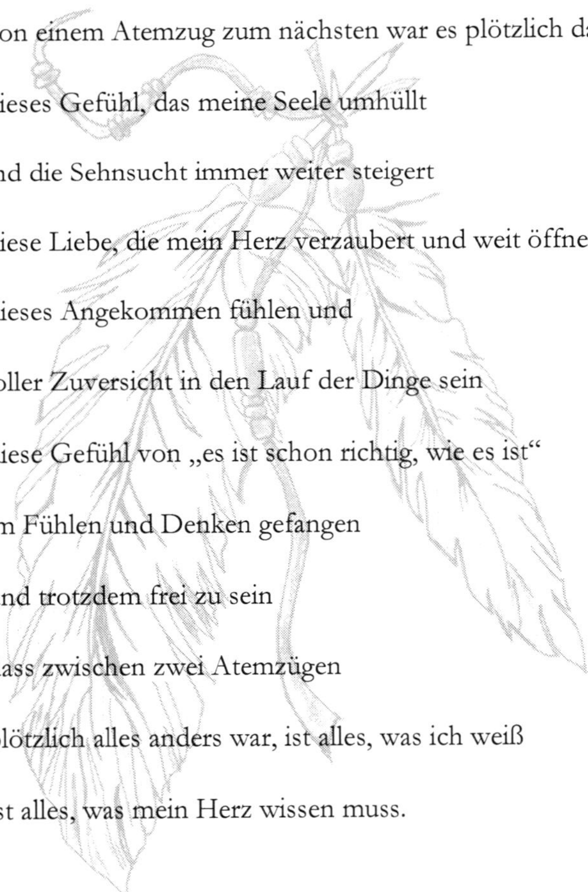

Über die Ferne

Und nichts fühlt sich echter an,

als in deinen Gefühlen zu baden …

und nichts fühlt sich liebevoller an,

als von deiner Sehnsucht umarmt zu werden …

und nicht fühlt sich ehrlicher an …

als auf den Wellen dieser Liebe zu treiben …

und nichts ist realistischer …

als gemeinsam über die Ferne zu verschmelzen …

und nichts ist einfacher und doch so schwer,

als an diese Liebe zu glauben und ihr zu vertrauen.

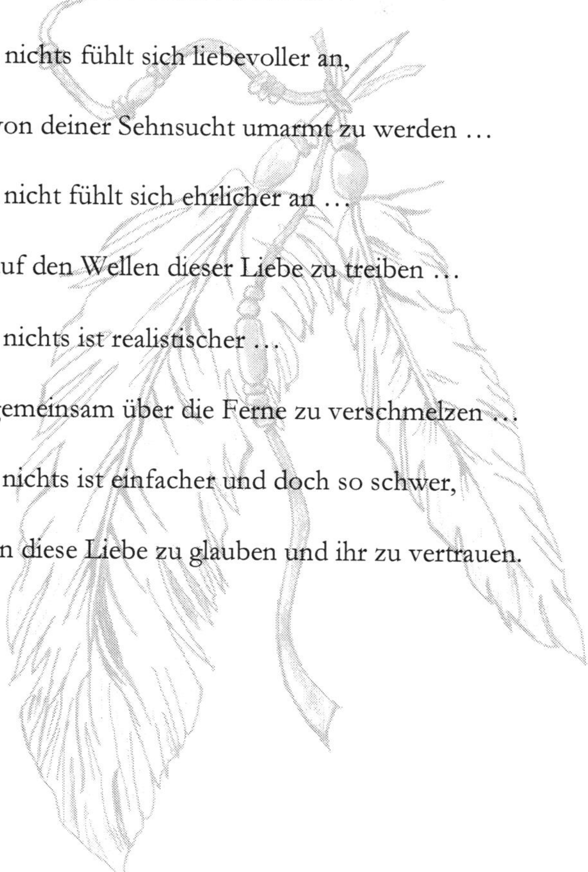

Ewiger Kreislauf

Und so wie ich mir die Worte des Herzens

von der Seele schreibe ...

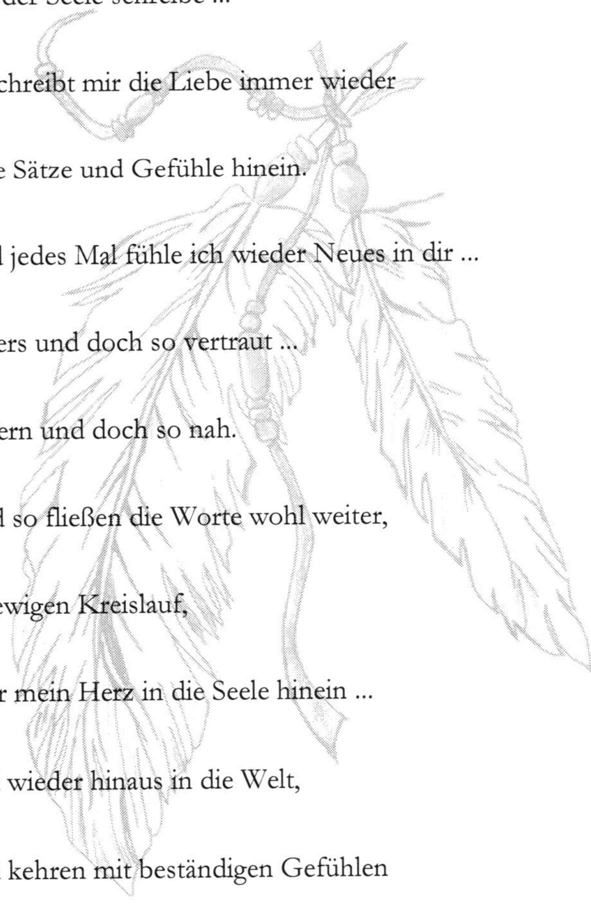

so schreibt mir die Liebe immer wieder

neue Sätze und Gefühle hinein.

Und jedes Mal fühle ich wieder Neues in dir ...

anders und doch so vertraut ...

so fern und doch so nah.

Und so fließen die Worte wohl weiter,

im ewigen Kreislauf,

über mein Herz in die Seele hinein ...

und wieder hinaus in die Welt,

und kehren mit beständigen Gefühlen

immer wieder in mein Herz zurück.

Neugeburt

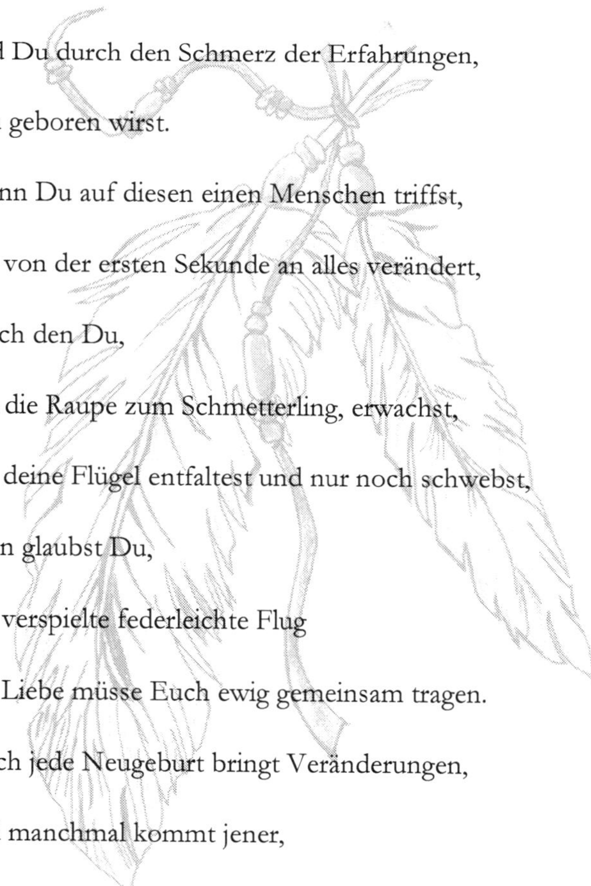

Wenn Du dich so tief in einer anderen Seele verlierst,

dass dein altes Ich stirbt,

und Du durch den Schmerz der Erfahrungen,

neu geboren wirst.

Wenn Du auf diesen einen Menschen triffst,

der von der ersten Sekunde an alles verändert,

durch den Du,

wie die Raupe zum Schmetterling, erwachst,

Du deine Flügel entfaltest und nur noch schwebst,

dann glaubst Du,

der verspielte federleichte Flug

der Liebe müsse Euch ewig gemeinsam tragen.

Doch jede Neugeburt bringt Veränderungen,

und manchmal kommt jener,

der dich sterben und neu auferstehen ließ,

auf deinem Flug des Wandels nicht mit,

sondern erlebt seine eigene Metamorphose,

neugeboren durch deine eigenen Tiefen,

wird er von einer Böe erfasst und weitergetragen,

dahin, wo er seine Wahrheiten noch finden darf,

Wahrheiten, die beide nur für sich erkennen können.

Und dir bleibt nur, auf deinem Weg zu bleiben,

in deiner Liebe … und ihm/ihr zu sagen …

„Guten Flug, mein wunderschöner Schmetterling …

bis uns der Wind des Lebens wieder zusammenträgt,

um die Reise in die gemeinsamen Wahrheiten zu

vollenden.“

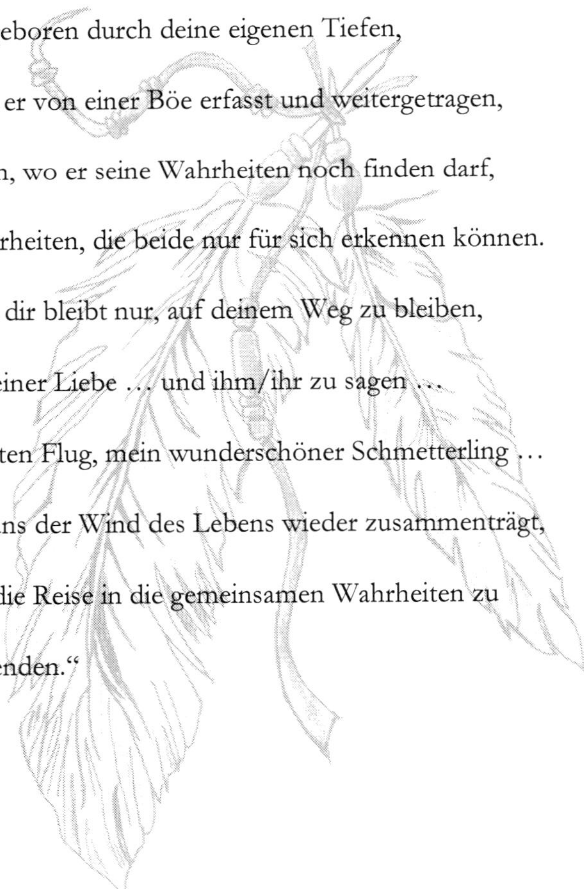

Lebenschronik

Und schon zu Anbeginn

bist Du in meine Lebenschronik geschrieben …

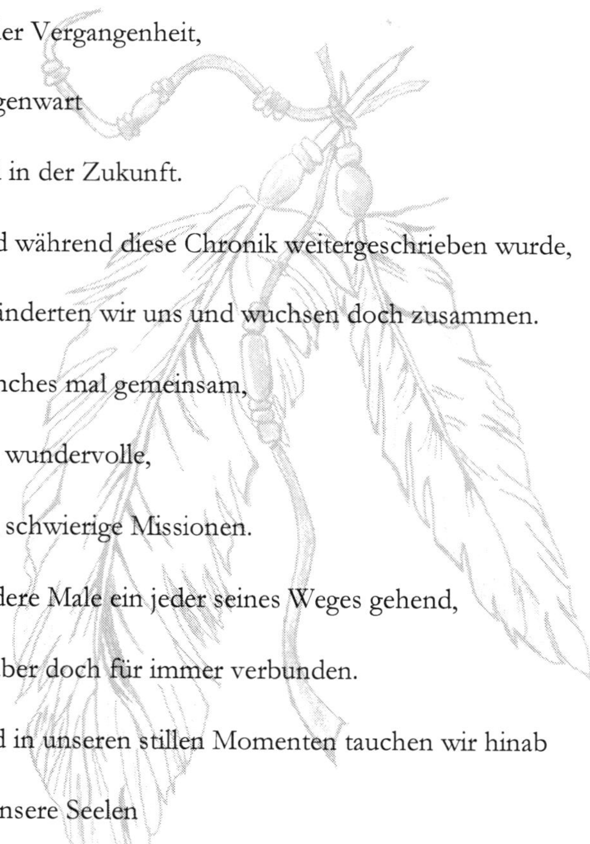

in der Vergangenheit,

Gegenwart

und in der Zukunft.

Und während diese Chronik weitergeschrieben wurde,

veränderten wir uns und wuchsen doch zusammen.

Manches mal gemeinsam,

mal wundervolle,

mal schwierige Missionen.

Andere Male ein jeder seines Weges gehend,

so aber doch für immer verbunden.

Und in unseren stillen Momenten tauchen wir hinab

in unsere Seelen

und hinterlassen etwas unserer Liebe und Sehnsucht

und unserer Erkenntnisse wie ein Fingerabdruck

auf der Seele des anderen.

Zwei Herzen, ein Takt,

zwei Menschen, eine Seele,

zwei Leben, eine Erfahrung.

In unseren Träumen und Visionen umschlungen

und fühlend,

dass bald es nichts mehr zu lernen,

sondern nur noch zu umarmen gibt …

dass das letzte Kapitel unserer Chronik

nur noch ein paar Zeilen weit entfernt ist.

Antworten

Und dann kommt plötzlich jemand in dein Leben,

der alles, was Du bis dahin

über die Liebe zu wissen glaubtest,

verändert und in Frage stellt,

jemand, der all die Sehnsüchte verkörpert,

die Du bis dahin

unausgesprochen in dir getragen hast.

Und all die Fragen in deinem Herzen

werden zu Antworten.

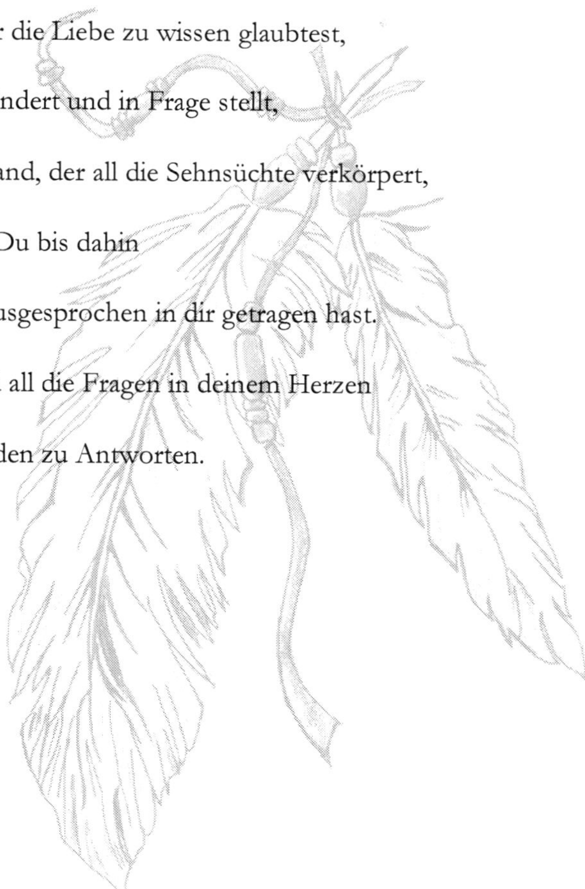

Ruf der Seele

Auch wenn ich meinen Weg gehe,

so spüre ich doch immer,

dass ich unbewusst auf kleine Abwege komme.

Wege, Kreuzungen und Aufenthalte,

die so nicht geplant waren,

die ich aber, dem Ruf meiner Seele folgend,

einfach ohne Fragen gegangen bin.

Und je öfter ich in mich hinein fühle,

ganz alleine mit mir,

im Raum meiner inneren Stille,

umso öfter spüre ich,

dass die leisen Stimmen meiner Seele

mich zum Ziel

meiner Herzens-Sehnsucht lenken möchten,

indem sie dem Ruf deiner Seele folgen.

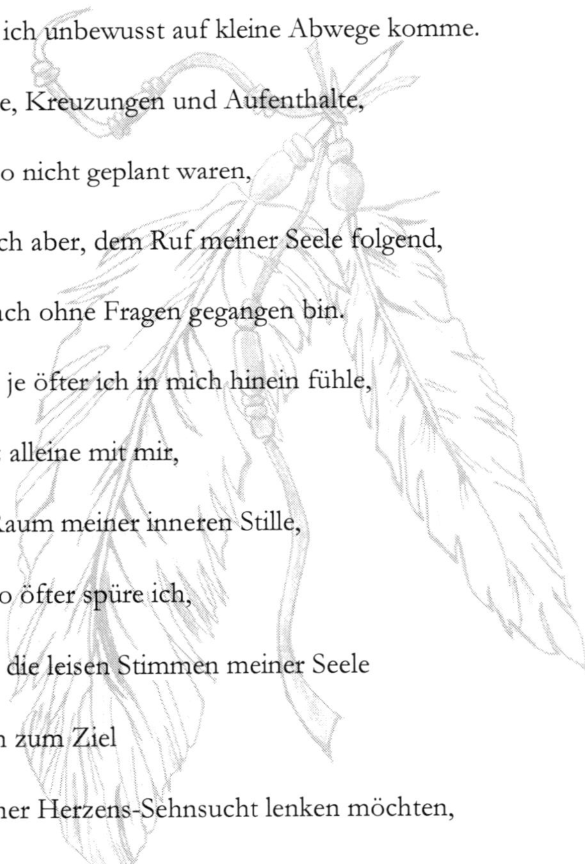

Reise

Manchmal fühle ich deine Gedanken

und deine Sehnsucht nach mir,

spüre, wie sie durchs Universum treiben,

und nach dem anderen Teil von dir suchen,

und ich weiß und fühle,

wenn ich meine Sehnsucht nach dir loslasse

und vertrauensvoll

auf die Reise ins Ungewisse schicke,

ganz ohne Zwang und Erwartungen,

dann können sie sich irgendwann,

irgendwo am passenden Ort,

zur rechten Zeit treffen,

sie werden uns den Weg zueinander weisen.

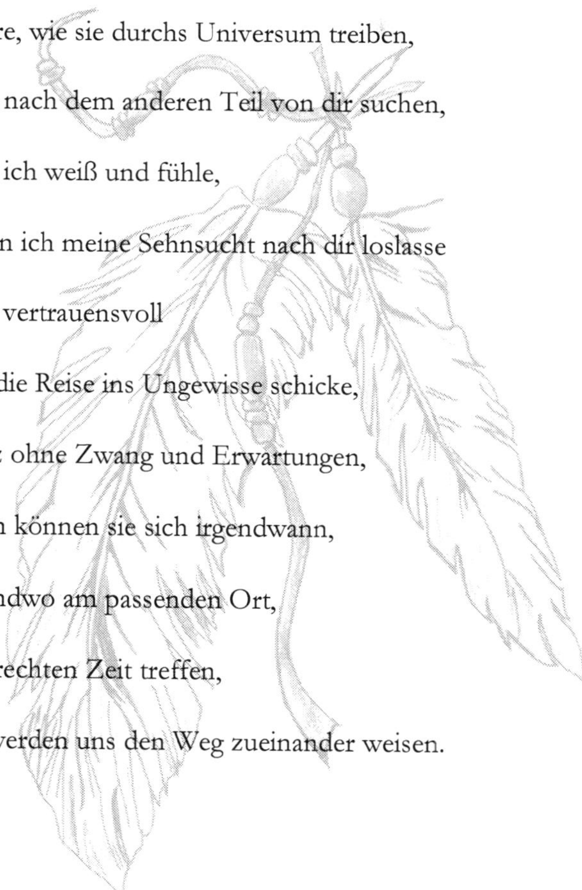

Wunsch

Wenn ein einsamer Wunsch des Herzens

in die Zukunft geschickt wird,

kann er ein ganzes Leben verändern.

Trifft er auf einen anderen Wunsch,

entsteht für zwei Seelen ein neues Universum.

Magie

Es gibt keine Worte

für die Magie

die entsteht,

wenn die Gefühle

zweier Menschen

miteinander zaubern.

Schon immer

Ich hatte die Suche beendet,

um gefunden zu werden …

und kam unerwartet an …

denn …

Du warst schon immer da …

schon seit Urzeiten …

in meinem Herzen …

und meiner Seele zuhause.

Du bist schon immer

bei mir

in mir

mit mir

ein WIR gewesen.

Unsere Wege liefen schon immer

perfekt geplant aufeinander zu.

Und es liegt alleine an UNS,

die Wege wieder zu vereinen.

Träume

Wenn sich die

Träume

zweier Seelen

in der

Nacht treffen,

flüstern sie sich

all die Worte

der Liebe zu,

die ihre

Menschen

am Tag

verschweigen.

Tanz der Ewigkeit

Es sind diese sanften Berührungen

der Gedanken auf der Haut,

die eine Liebe so einzigartig

und unvergesslich werden lassen.

Es ist dieses körperliche Fühlen

über alle Grenzen hinweg,

das diese Liebe so unsterblich

und unersetzbar macht.

Es sind die gefühlten Worte,

die nie gesprochen werden,

welche zwei Seelen unbeschreiblich

tief miteinander verbinden.

Es ist das Wissen

um die Unendlichkeit des Liebens,

das zwei Herzen füreinander

den Tanz der Ewigkeit beginnen lässt.

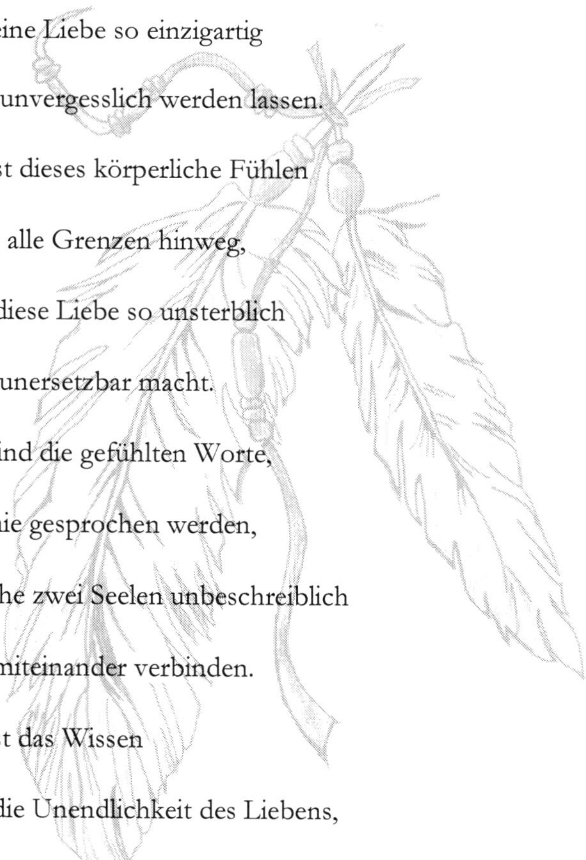

Flamme

In mir brennt

eine uralte

Sehnsucht

wie eine

beständige

Flamme,

die nicht

gelöscht

werden kann,

da dieses

dich so nahe

bei mir Fühlen

sie beständig

Tag um Tag

neu entfacht.

16637679R00056

Printed in Poland
by Amazon Fulfillment
Poland Sp. z o.o., Wrocław